# COLLECTION

DES

# CLASSIQUES FRANÇOIS,

DIRIGÉE PAR L. S. AUGER,

DE L'ACADÉMIE FRANÇOISE.

**IMPRIMERIE DE JULES DIDOT AINÉ,**
IMPRIMEUR DU ROI.

Rue du Pont-de-Lodi, n° 6.

# OEUVRES
POÉTIQUES
# DE J. RACINE.

TOME QUATRIÈME.

A PARIS,

CHEZ LEFÈVRE, RUE DE L'ÉPERON, N° 6,
ET BRIÈRE, RUE S.-ANDRÉ, N° 68.

1824.

# ESTHER,

## TRAGÉDIE

TIRÉE DE L'ÉCRITURE SAINTE.

1689.

# PRÉFACE.

La célèbre maison de Saint-Cyr ayant été principalement établie pour élever dans la piété un fort grand nombre de jeunes demoiselles rassemblées de tous les endroits du royaume, on n'y a rien oublié de tout ce qui pouvoit contribuer à les rendre capables de servir Dieu dans les différents états où il lui plaira de les appeler. Mais en leur montrant les choses essentielles et nécessaires, on ne néglige pas de leur apprendre celles qui peuvent servir à leur polir l'esprit, et à leur former le jugement. On a imaginé pour cela plusieurs moyens, qui, sans les détourner de leur travail et de leurs exercices ordinaires, les instruisent en les divertissant; on leur met, pour ainsi dire, à profit leurs heures de récréation : on leur fait faire entre elles, sur leurs principaux devoirs, des conversations ingénieuses qu'on leur a composées exprès, ou qu'elles-mêmes composent sur-le-champ; on les fait parler sur les histoires qu'on leur a lues, ou sur les importantes vérités qu'on leur a enseignées; on leur fait réciter par cœur et déclamer les plus beaux endroits des meilleurs poëtes : et cela leur sert surtout à les défaire de quantité de mauvaises prononciations qu'elles pourroient avoir apportées de leurs provinces; on a soin aussi de faire apprendre à chanter à celles qui ont de la voix, et on ne leur laisse pas perdre un talent qui les peut amuser innocemment, et qu'elles peuvent employer un jour à chanter les louanges de Dieu.

Mais la plupart des plus excellents vers de notre langue ayant été composés sur des matières fort profanes, et nos plus beaux airs étant sur des paroles extrêmement molles et efféminées, capables de faire des impressions dangereuses sur de jeunes esprits, les personnes illustres qui ont bien voulu prendre la principale direction de cette maison ont souhaité qu'il y eût quelque ouvrage qui, sans avoir tous ces défauts, pût produire une partie de ces bons effets. Elles me firent l'honneur de me communiquer leur dessein, et même de me demander si je ne pourrois pas faire sur quelque sujet de piété et de morale une espèce de poëme où le chant fût mêlé avec le récit, le tout lié par une action qui rendît la chose plus vive et moins capable d'ennuyer.

Je leur proposai le sujet d'Esther, qui les frappa d'abord, cette histoire leur paroissant pleine de grandes leçons d'amour de Dieu, et de détachement du monde au milieu du monde même. Et je crus de mon côté que je trouverois assez de facilité à traiter ce sujet : d'autant plus qu'il me sembla que, sans altérer aucune des circonstances tant soit peu considérables de l'Écriture sainte, ce qui seroit, à mon avis, une espèce de sacrilège, je pourrois remplir toute mon action avec les seules scènes que Dieu lui-même, pour ainsi dire, a préparées.

J'entrepris donc la chose, et je m'aperçus qu'en travaillant sur le plan qu'on m'avoit donné, j'exécutois en quelque sorte un dessein qui m'avoit souvent passé dans l'esprit, qui étoit de lier, comme dans les anciennes tragédies grecques, le chœur et le chant avec l'action, et d'employer à chanter les louanges du vrai Dieu cette partie du chœur que les païens employoient à chanter les louanges de leurs fausses divinités.

A dire vrai, je ne pensois guère que la chose dût être aussi publique qu'elle l'a été. Mais les grandes vérités de l'Écriture, et la manière sublime dont elles y sont énoncées, pour peu qu'on les présente, même imparfaitement, aux yeux des hommes, sont si propres à les frapper; et d'ailleurs ces jeunes demoiselles ont déclamé et chanté cet ouvrage avec tant de grace, tant de modestie, et tant de piété, qu'il n'a pas été possible qu'il demeurât renfermé dans le secret de leur maison : de sorte qu'un divertissement d'enfants est devenu le sujet de l'empressement de toute la cour, le roi lui-même, qui en avoit été touché, n'ayant pu refuser à tout ce qu'il y a de plus grands seigneurs de les y mener, et ayant eu la satisfaction de voir, par le plaisir qu'ils y ont pris, qu'on se peut aussi bien divertir aux choses de piété, qu'à tous les spectacles profanes.

Au reste, quoique j'aie évité soigneusement de mêler le profane avec le sacré, j'ai cru néanmoins que je pouvois emprunter deux ou trois traits d'Hérodote, pour mieux peindre Assuérus : car j'ai suivi le sentiment de plusieurs savants interprètes de l'Écriture, qui tiennent que ce roi est le même que le fameux Darius, fils d'Hystaspe, dont parle cet historien. En effet, ils en rapportent quantité de preuves, dont quelques unes me paroissent des démonstrations. Mais je n'ai pas jugé à propos de croire ce même Hérodote sur sa parole, lorsqu'il dit que les Perses n'élevoient ni temples, ni autels, ni statues à leurs dieux, et qu'ils ne se servoient point de libations dans leurs sacrifices. Son témoignage est expressément détruit par l'Écriture, aussi bien que par Xénophon, beaucoup mieux instruit que lui des mœurs et des affaires de la Perse, et enfin par Quinte-Curce.

On peut dire que l'unité de lieu est observée dans cette pièce, en ce que toute l'action se passe dans le palais d'Assuérus. Cependant, comme on vouloit rendre ce divertissement plus agréable à des enfants, en jetant quelque variété dans les décorations, cela a été cause que je n'ai pas gardé cette unité avec la même rigueur que j'ai fait autrefois dans mes tragédies.

Je crois qu'il est bon d'avertir ici que bien qu'il y ait dans *Esther* des personnages d'hommes, ces personnages n'ont pas laissé d'être représentés par des filles avec toute la bienséance de leur sexe. La chose leur a été d'autant plus aisée, qu'anciennement les habits des Persans et des Juifs étoient de longues robes qui tomboient jusqu'à terre.

Je ne puis me résoudre à finir cette préface sans rendre à celui qui a fait la musique la justice qui lui est due, et sans confesser franchement que ses chants ont fait un des plus grands agréments de la pièce [1]. Tous les connoisseurs demeurent d'accord que depuis long-temps on n'a point entendu d'airs plus touchants ni plus convenables aux paroles. Quelques personnes ont trouvé la musique du dernier chœur un peu longue, quoique très belle. Mais qu'auroit-on dit de ces jeunes Israélites qui avoient tant fait de vœux à Dieu pour être délivrées de l'horrible péril où elles étoient, si, ce péril étant passé, elles lui en avoient rendu de médiocres actions de graces? Elles auroient directement péché contre la louable coutume de leur nation, où l'on ne recevoit de Dieu aucun bienfait signalé, qu'on ne

[1] Ce Musicien s'appeloit Moreau.

l'en remerciât sur-le-champ par de fort longs cantiques : témoin ceux de Marie, sœur de Moïse, de Débora, et de Judith, et tant d'autres dont l'Écriture est pleine. On dit même que les Juifs, encore aujourd'hui, célèbrent par de grandes actions de graces le jour où leurs ancêtres furent délivrés par Esther de la cruauté d'Aman.

# PERSONNAGES.

ASSUÉRUS, roi de Perse.
ESTHER, reine de Perse.
MARDOCHÉE, oncle d'Esther.
AMAN, favori d'Assuérus.
ZARÈS, femme d'Aman.
HYDASPE, officier du palais intérieur d'Assuérus.
ASAPH, autre officier d'Assuérus.
ÉLISE, confidente d'Esther.
THAMAR, Israélite de la suite d'Esther.
GARDES DU ROI ASSUÉRUS.
CHOEUR DE JEUNES FILLES ISRAÉLITES.

La scène est à Suse, dans le palais d'Assuérus.

LA PIÉTÉ fait le Prologue.

# PROLOGUE.

## LA PIÉTÉ.

Du séjour bienheureux de la Divinité
Je descends dans ce lieu par la Grace habité [1];
L'Innocence s'y plaît, ma compagne éternelle,
Et n'a point sous les cieux d'asile plus fidéle.
Ici, loin du tumulte, aux devoirs les plus saints
Tout un peuple naissant est formé par mes mains
Je nourris dans son cœur la semence féconde
Des vertus dont il doit sanctifier le monde.
Un roi qui me protége, un roi victorieux,
A commis à mes soins ce dépôt précieux.
C'est lui qui rassembla ces colombes timides,
Éparses en cent lieux, sans secours et sans guides :
Pour elles, à sa porte, élevant ce palais,
Il leur y fit trouver l'abondance et la paix.
  Grand Dieu, que cet ouvrage ait place en ta mémoire!
Que tous les soins qu'il prend pour soutenir ta gloire

---

[1] La maison de Saint-Cyr. (*Note de Racine.*)

Soient gravés de ta main au livre où sont écrits
Les noms prédestinés des rois que tu chéris !
Tu m'écoutes ; ma voix ne t'est point étrangère :
Je suis la Piété, cette fille si chère,
Qui t'offre de ce roi les plus tendres soupirs :
Du feu de ton amour j'allume ses desirs.
Du zèle qui pour toi l'enflamme et le dévore
La chaleur se répand du couchant à l'aurore [1].
Tu le vois tous les jours, devant toi prosterné,
Humilier ce front de splendeur couronné ;
Et, confondant l'orgueil par d'augustes exemples,
Baiser avec respect le pavé de tes temples.
De ta gloire animé, lui seul, de tant de rois,
S'arme pour ta querelle, et combat pour tes droits.
Le perfide intérêt, l'aveugle jalousie,
S'unissent contre toi pour l'affreuse hérésie ;
La discorde en fureur frémit de toutes parts ;
Tout semble abandonner tes sacrés étendards ;
Et l'enfer, couvrant tout de ses vapeurs funèbres [2],

---

[1] Il s'agit ici des missions étrangères et des travaux apostoliques dans l'Orient et dans le Nouveau-Monde, que Louis XIV encourageoit par ses bienfaits.

[2] La Beaumelle prétend que Jacques II, roi d'Angleterre, alors réfugié à la cour de France, ayant désiré de voir ESTHER, on en donna exprès pour lui une représentation remarquable par une magnificence extraordinaire.

## PROLOGUE.

Sur les yeux les plus saints a jeté ses ténèbres.
Lui seul, invariable et fondé sur la foi,
Ne cherche, ne regarde, et n'écoute que toi;
Et, bravant du démon l'impuissant artifice,
De la religion soutient tout l'édifice.
Grand Dieu, juge ta cause, et déploie aujourd'hui
Ce bras, ce même bras qui combattoit pour lui,
Lorsque des nations à sa perte animées
Le Rhin vit tant de fois disperser les armées.
Des mêmes ennemis je reconnois l'orgueil;
Ils viennent se briser contre le même écueil :
Déja, rompant par-tout leurs plus fermes barrières,
Du débris de leurs forts ils couvrent ses frontières.
Tu lui donnes un fils prompt à le seconder,
Qui sait combattre, plaire, obéir, commander;
Un fils qui, comme lui, suivi de la victoire,
Semble à gagner son cœur borner toute sa gloire;
Un fils à tous ses vœux avec amour soumis,
L'éternel désespoir de tous ses ennemis :

Selon lui, le roi et la reine d'Angleterre crurent reconnoître le pape dans ce vers et dans le suivant. Il est certain qu'on en fit l'application au pape Innocent XI, alors brouillé avec la cour de France; mais cette application maligne étoit très éloignée de l'intention de l'auteur, qui avoit en vue les troubles de l'Angleterre et ceux de la France. (G.)

Pareil à ces esprits que ta justice envoie,
Quand son roi lui dit : Pars, il s'élance avec joie ;
Du tonnerre vengeur s'en va tout embraser,
Et, tranquille, à ses pieds revient le déposer [1].

Mais, tandis qu'un grand roi venge ainsi mes injures,
Vous qui goûtez ici des délices si pures,
S'il permet à son cœur un moment de repos,
A vos jeux innocents appelez ce héros ;
Retracez-lui d'Esther l'histoire glorieuse,
Et sur l'impiété la foi victorieuse.

Et vous, qui vous plaisez aux folles passions
Qu'allument dans vos cœurs les vaines fictions,
Profanes amateurs de spectacles frivoles,
Dont l'oreille s'ennuie au son de mes paroles,
Fuyez de mes plaisirs la sainte austérité :
Tout respire ici Dieu, la paix, la vérité.

[1] Allusion à la campagne de 1688, dans laquelle le grand dauphin prit Philipsbourg, Heidelberg, Manheim, et conquit le Palatinat.

FIN DU PROLOGUE.

# ESTHER.

## ACTE PREMIER.

(Le théâtre représente l'appartement d'Esther.)

### SCÈNE I.

#### ESTHER, ÉLISE.

ESTHER.
Est-ce toi, chère Élise? O jour trois fois heureux!
Que béni soit le ciel qui te rend à mes vœux,
Toi qui, de Benjamin comme moi descendue,
Fus de mes premiers ans la compagne assidue,
Et qui, d'un même joug souffrant l'oppression,
M'aidois à soupirer les malheurs de Sion!
Combien ce temps encore est cher à ma mémoire!
Mais toi, de ton Esther ignorois-tu la gloire?
Depuis plus de six mois que je te fais chercher,
Quel climat, quel désert a donc pu te cacher?

ÉLISE.

Au bruit de votre mort justement éplorée,
Du reste des humains je vivois séparée,
Et de mes tristes jours n'attendois que la fin,
Quand tout-à-coup, madame, un prophète divin :
« C'est pleurer trop long-temps une mort qui t'abuse,
« Léve-toi, m'a-t-il dit, prends ton chemin vers Suse :
« Là tu verras d'Esther la pompe et les honneurs,
« Et sur le trône assis le sujet de tes pleurs.
« Rassure, ajouta-t-il, tes tribus alarmées,
« Sion : le jour approche où le dieu des armées
« Va de son bras puissant faire éclater l'appui ;
« Et le cri de son peuple est monté jusqu'à lui. »
Il dit : et moi, de joie et d'horreur pénétrée,
Je cours. De ce palais j'ai su trouver l'entrée.
O spectacle ! O triomphe admirable à mes yeux,
Digne en effet du bras qui sauva nos aïeux !
Le fier Assuérus couronne sa captive,
Et le Persan superbe est aux pieds d'une Juive !
Par quels secrets ressorts, par quel enchaînement
Le ciel a-t-il conduit ce grand événement ?

ESTHER.

Peut-être on t'a conté la fameuse disgrace
De l'altière Vasthi, dont j'occupe la place,
Lorsque le roi, contre elle enflammé de dépit,
La chassa de son trône, ainsi que de son lit.
Mais il ne put sitôt en bannir la pensée :

## ACTE PREMIER.

Vasthi régna long-temps dans son ame offensée.
Dans ses nombreux états il fallut donc chercher
Quelque nouvel objet qui l'en pût détacher.
De l'Inde à l'Hellespont ses esclaves coururent :
Les filles de l'Égypte à Suze comparurent ;
Celles même du Parthe et du Scythe indompté
Y briguèrent le sceptre offert à la beauté.
On m'élevoit alors, solitaire et cachée,
Sous les yeux vigilants du sage Mardochée :
Tu sais combien je dois à ses heureux secours.
La mort m'avoit ravi les auteurs de mes jours ;
Mais lui, voyant en moi la fille de son frère,
Me tint lieu, chère Élise, et de père et de mère.
Du triste état des Juifs jour et nuit agité,
Il me tira du sein de mon obscurité ;
Et, sur mes foibles mains fondant leur délivrance,
Il me fit d'un empire accepter l'espérance.
A ses desseins secrets, tremblante, j'obéis :
Je vins ; mais je cachai ma race et mon pays.
Qui pourroit cependant t'exprimer les cabales
Que formoit en ces lieux ce peuple de rivales,
Qui toutes, disputant un si grand intérêt,
Des yeux d'Assuérus attendoient leur arrêt ?
Chacune avoit sa brigue et de puissants suffrages :
L'une d'un sang fameux vantoit les avantages ;
L'autre, pour se parer de superbes atours,
Des plus adroites mains empruntoit le secours ;

Et moi, pour toute brigue et pour tout artifice,
De mes larmes au ciel j'offrois le sacrifice.
    Enfin, on m'annonça l'ordre d'Assuérus.
Devant ce fier monarque, Élise, je parus.
Dieu tient le cœur des rois entre ses mains puissantes;
Il fait que tout prospère aux ames innocentes,
Tandis qu'en ses projets l'orgueilleux est trompé.
De mes foibles attraits le roi parut frappé :
Il m'observa long-temps dans un sombre silence;
Et le ciel, qui pour moi fit pencher la balance,
Dans ce temps-là, sans doute, agissoit sur son cœur.
Enfin, avec des yeux où régnoit la douceur :
Soyez reine, dit-il; et, dès ce moment même,
De sa main sur mon front posa son diadème.
Pour mieux faire éclater sa joie et son amour,
Il combla de présents tous les grands de sa cour;
Et même ses bienfaits, dans toutes ses provinces,
Invitèrent le peuple aux noces de leurs princes.
Hélas! durant ces jours de joie et de festins,
Quelle étoit en secret ma honte et mes chagrins!
Esther, disois-je, Esther dans la pourpre est assise,
La moitié de la terre à son sceptre est soumise,
Et de Jérusalem l'herbe cache les murs!
Sion, repaire affreux de reptiles impurs,
Voit de son temple saint les pierres dispersées,
Et du Dieu d'Israël les fêtes sont cessées!

## ACTE PREMIER.

ÉLISE.
N'avez-vous point au roi confié vos ennuis?

ESTHER.
Le roi, jusqu'à ce jour, ignore qui je suis :
Celui par qui le ciel règle ma destinée
Sur ce secret encor tient ma langue enchaînée.

ÉLISE.
Mardochée ? Hé ! peut-il approcher de ces lieux ?

ESTHER.
Son amitié pour moi le rend ingénieux.
Absent je le consulte, et ses réponses sages
Pour venir jusqu'à moi trouvent mille passages :
Un père a moins de soin du salut de son fils.
Déja même, déja, par ses secrets avis,
J'ai découvert au roi les sanglantes pratiques
Que formoient contre lui deux ingrats domestiques.
Cependant mon amour pour notre nation
A rempli ce palais de filles de Sion,
Jeunes et tendres fleurs par le sort agitées,
Sous un ciel étranger comme moi transplantées.
Dans un lieu séparé de profanes témoins,
Je mets à les former mon étude et mes soins ;
Et c'est là que, fuyant l'orgueil du diadème,
Lasse de vains honneurs, et me cherchant moi-même,
Aux pieds de l'Éternel je viens m'humilier,
Et goûter le plaisir de me faire oublier.
Mais à tous les Persans je cache leurs familles.

Il faut les appeler. Venez, venez, mes filles,
Compagnes autrefois de ma captivité,
De l'antique Jacob jeune postérité.

## SCÈNE II.

### ESTHER, ÉLISE, LE CHOEUR.

UNE ISRAÉLITE, *chantant derrière le théâtre.*
Ma sœur, quelle voix nous appelle ?
UNE AUTRE.
J'en reconnois les agréables sons :
C'est la reine.
TOUTES DEUX.
Courons, mes sœurs, obéissons.
La reine nous appelle :
Allons, rangeons-nous auprès d'elle.
TOUT LE CHOEUR, *entrant sur la scène par plusieurs
endroits différents.*
La reine nous appelle :
Allons, rangeons-nous auprès d'elle.
ÉLISE.
Ciel ! quel nombreux essaim d'innocentes beautés
S'offre à mes yeux en foule, et sort de tous côtés !
Quelle aimable pudeur sur leur visage est peinte !
Prospérez, cher espoir d'une nation sainte.
Puissent jusques au ciel vos soupirs innocents

# ACTE PREMIER.

Monter comme l'odeur d'un agréable encens !
Que Dieu jette sur vous des regards pacifiques !

### ESTHER.

Mes filles, chantez-nous quelqu'un de ces cantiques
Où vos voix si souvent se mêlant à mes pleurs
De la triste Sion célébrent les malheurs.

### UNE ISRAÉLITE *chante seule.*

Déplorable Sion, qu'as-tu fait de ta gloire ?
   Tout l'univers admiroit ta splendeur :
Tu n'es plus que poussière ; et de cette grandeur
Il ne nous reste plus que la triste mémoire.
Sion, jusques au ciel élevée autrefois,
    Jusqu'aux enfers maintenant abaissée,
      Puissé-je demeurer sans voix,
    Si dans mes chants ta douleur retracée
Jusqu'au dernier soupir n'occupe ma pensée !

### TOUT LE CHOEUR.

O rives du Jourdain ! ô champs aimés des cieux !
    Sacrés monts, fertiles vallées,
    Par cent miracles signalées !
    Du doux pays de nos aïeux
    Serons-nous toujours exilée ?

### UNE ISRAÉLITE, *seule.*

Quand verrai-je, ô Sion ! relever tes remparts,
   Et de tes tours les magnifiques faîtes ?
   Quand verrai-je de toutes parts
Tes peuples en chantant accourir à tes fêtes ?

TOUT LE CHOEUR.

O rives du Jourdain ! ô champs aimés des cieux !
    Sacrés monts, fertiles vallées,
    Par cent miracles signalées !
    Du doux pays de nos aïeux
    Serons-nous toujours exilées ?

## SCÈNE III.

ESTHER, MARDOCHÉE, ÉLISE, LE CHOEUR.

ESTHER.

Quel profane en ce lieu s'ose avancer vers nous ?
Que vois-je ! Mardochée ! O mon père, est-ce vous ?
Un ange du Seigneur, sous son aile sacrée,
A donc conduit vos pas, et caché votre entrée ?
Mais d'où vient cet air sombre, et ce cilice affreux,
Et cette cendre enfin qui couvre vos cheveux ?
Que nous annoncez-vous ?

MARDOCHÉE.

                O reine infortunée !
O d'un peuple innocent barbare destinée !
Lisez, lisez l'arrêt détestable, cruel...
Nous sommes tous perdus ! et c'est fait d'Israël !

ESTHER.

Juste ciel ! tout mon sang dans mes veines se glace.

## ACTE PREMIER.

MARDOCHÉE.

On doit de tous les Juifs exterminer la race.
Au sanguinaire Aman nous sommes tous livrés;
Les glaives, les couteaux, sont déja préparés;
Toute la nation à-la-fois est proscrite.
Aman, l'impie Aman, race d'Amalécite,
A, pour ce coup funeste, armé tout son crédit;
Et le roi, trop crédule, a signé cet édit.
Prévenu contre nous par cette bouche impure,
Il nous croit en horreur à toute la nature.
Ses ordres sont donnés; et, dans tous ses états,
Le jour fatal est pris pour tant d'assassinats.
Cieux, éclairerez-vous cet horrible carnage !
Le fer ne connoîtra ni le sexe ni l'âge;
Tout doit servir de proie aux tigres, aux vautours;
Et ce jour effroyable arrive dans dix jours.

ESTHER.

O Dieu, qui vois former des desseins si funestes,
As-tu donc de Jacob abandonné les restes?

UNE DES PLUS JEUNES ISRAÉLITES.

Ciel, qui nous défendra, si tu ne nous défends?

MARDOCHÉE.

Laissez les pleurs, Esther, à ces jeunes enfants.
En vous est tout l'espoir de vos malheureux frères :
Il faut les secourir; mais les heures sont chères;
Le temps vole, et bientôt amènera le jour
Où le nom des Hébreux doit périr sans retour.

Toute pleine du feu de tant de saints prophètes,
Allez, osez au roi déclarer qui vous êtes.

ESTHER.

Hélas! ignorez-vous quelles sévères lois
Aux timides mortels cachent ici les rois?
Au fond de leur palais leur majesté terrible
Affecte à leurs sujets de se rendre invisible;
Et la mort est le prix de tout audacieux
Qui, sans être appelé, se présente à leurs yeux,
Si le roi dans l'instant, pour sauver le coupable,
Ne lui donne à baiser son sceptre redoutable.
Rien ne met à l'abri de cet ordre fatal,
Ni le rang, ni le sexe, et le crime est égal.
Moi-même, sur son trône, à ses côtés assise,
Je suis, à cette loi, comme une autre, soumise :
Et, sans le prévenir, il faut, pour lui parler,
Qu'il me cherche, ou du moins qu'il me fasse appeler.

MARDOCHÉE.

Quoi! lorsque vous voyez périr votre patrie,
Pour quelque chose, Esther, vous comptez votre vie!
Dieu parle, et d'un mortel vous craignez le courroux!
Que dis-je? votre vie, Esther, est-elle à vous?
N'est-elle pas au sang dont vous êtes issue?
N'est-elle pas à Dieu dont vous l'avez reçue?
Et qui sait, lorsqu'au trône il conduisit vos pas,
Si pour sauver son peuple il ne vous gardoit pas?
Songez-y bien : ce dieu ne vous a pas choisie

Pour être un vain spectacle aux peuples de l'Asie,
Ni pour charmer les yeux des profanes humains :
Pour un plus noble usage il réserve ses saints.
S'immoler pour son nom et pour son héritage,
D'un enfant d'Israël voilà le vrai partage :
Trop heureuse pour lui de hasarder vos jours !
Et quel besoin son bras a-t-il de nos secours ?
Que peuvent contre lui tous les rois de la terre ?
En vain ils s'uniroient pour lui faire la guerre :
Pour dissiper leur ligue il n'a qu'à se montrer ;
Il parle, et dans la poudre il les fait tous rentrer.
Au seul son de sa voix la mer fuit, le ciel tremble ;
Il voit comme un néant tout l'univers ensemble ;
Et les foibles mortels, vains jouets du trépas,
Sont tous devant ses yeux comme s'ils n'étoient pas.
S'il a permis d'Aman l'audace criminelle,
Sans doute qu'il vouloit éprouver votre zéle.
C'est lui qui, m'excitant à vous oser chercher,
Devant moi, chère Esther, a bien voulu marcher ;
Et s'il faut que sa voix frappe en vain vos oreilles,
Nous n'en verrons pas moins éclater ses merveilles.
Il peut confondre Aman, il peut briser nos fers
Par la plus foible main qui soit dans l'univers ;
Et vous, qui n'aurez point accepté cette grace,
Vous périrez peut-être, et toute votre race.

ESTHER.

Allez : que tous les Juifs dans Suse répandus,

A prier avec vous jour et nuit assidus,
Me prêtent de leurs vœux le secours salutaire,
Et pendant ces trois jours gardent un jeûne austère.
Déja la sombre nuit a commencé son tour :
Demain, quand le soleil rallumera le jour,
Contente de périr, s'il faut que je périsse,
J'irai pour mon pays m'offrir en sacrifice.
Qu'on s'éloigne un moment.
  (*Le chœur se retire vers le fond du théâtre.*)

## SCÈNE IV.

### ESTHER, ÉLISE, LE CHOEUR.

ESTHER.

     O mon souverain roi,
Me voici donc tremblante et seule devant toi !
Mon père mille fois m'a dit dans mon enfance
Qu'avec nous tu juras une sainte alliance,
Quand, pour te faire un peuple agréable à tes yeux,
Il plut à ton amour de choisir nos aïeux :
Même tu leur promis de ta bouche sacrée
Une postérité d'éternelle durée.
Hélas ! ce peuple ingrat a méprisé ta loi ;
La nation chérie a violé sa foi ;
Elle a répudié son époux et son père,
Pour rendre à d'autres dieux un honneur adultère :

Maintenant elle sert sous un maître étranger.
Mais c'est peu d'être esclave, on la veut égorger :
Nos superbes vainqueurs, insultant à nos larmes,
Imputent à leurs dieux le bonheur de leurs armes,
Et veulent aujourd'hui qu'un même coup mortel
Abolisse ton nom, ton peuple, et ton autel.
Ainsi donc un perfide, après tant de miracles,
Pourroit anéantir la foi de tes oracles,
Raviroit aux mortels le plus cher de tes dons,
Le saint que tu promets et que nous attendons ?
Non, non, ne souffre pas que ces peuples farouches,
Ivres de notre sang, ferment les seules bouches
Qui dans tout l'univers célèbrent tes bienfaits ;
Et confonds tous ces dieux qui ne furent jamais.
 Pour moi, que tu retiens parmi ces infidèles,
Tu sais combien je hais leurs fêtes criminelles,
Et que je mets au rang des profanations
Leur table, leurs festins, et leurs libations ;
Que même cette pompe où je suis condamnée,
Ce bandeau, dont il faut que je paroisse ornée
Dans ces jours solennels à l'orgueil dédiés,
Seule et dans le secret, je le foule à mes pieds ;
Qu'à ces vains ornements je préfère la cendre,
Et n'ai de goût qu'aux pleurs que tu me vois répandre.
J'attendois le moment marqué dans ton arrêt,
Pour oser de ton peuple embrasser l'intérêt.
Ce moment est venu : ma prompte obéissance

Va d'un roi redoutable affronter la présence.
C'est pour toi que je marche : accompagne mes pas
Devant ce fier lion qui ne te connoît pas ;
Commande en me voyant que son courroux s'apaise,
Et prête à mes discours un charme qui lui plaise :
Les orages, les vents, les cieux, te sont soumis ;
Tourne enfin sa fureur contre nos ennemis.

## SCÈNE V.

( Toute cette scène est chantée. )

### LE CHOEUR.

UNE ISRAÉLITE, *seule.*

Pleurons et gémissons, mes fidèles compagnes ;
  A nos sanglots donnons un libre cours ;
  Levons les yeux vers les saintes montagnes
D'où l'innocence attend tout son secours.
    O mortelles alarmes !
Tout Israël périt. Pleurez, mes tristes yeux :
   Il ne fut jamais sous les cieux
   Un si juste sujet de larmes.

TOUT LE CHOEUR.

O mortelles alarmes !

UNE AUTRE ISRAÉLITE.

N'étoit-ce pas assez qu'un vainqueur odieux

## ACTE PREMIER.

De l'auguste Sion eût détruit tous les charmes,
Et traîné ses enfants captifs en mille lieux?

TOUT LE CHOEUR.

O mortelles alarmes!

LA MÊME ISRAÉLITE.

Foibles agneaux livrés à des loups furieux,
Nos soupirs sont nos seules armes.

TOUT LE CHOEUR.

O mortelles alarmes!

UNE ISRAÉLITE.

Arrachons, déchirons, tous ces vains ornements
Qui parent notre tête.

UNE AUTRE.

Revêtons-nous d'habillements
Conformes à l'horrible fête
Que l'impie Aman nous apprête.

TOUT LE CHOEUR.

Arrachons, déchirons, tous ces vains ornements
Qui parent nôtre tête.

UNE ISRAÉLITE, *seule.*

Quel carnage de toutes parts!
On égorge à-la-fois les enfants, les vieillards,
Et la sœur, et le frère,
Et la fille, et la mère,
Le fils dans les bras de son père!
Que de corps entassés, que de membres épars,
Privés de sépulture!

Grand Dieu ! tes saints sont la pâture
Des tigres et des léopards.

UNE DES PLUS JEUNES ISRAÉLITES.

Hélas ! si jeune encore,
Par quel crime ai-je pu mériter mon malheur ?
Ma vie à peine a commencé d'éclore :
Je tomberai comme une fleur
Qui n'a vu qu'une aurore.
Hélas ! si jeune encore,
Par quel crime ai-je pu mériter mon malheur ?

UNE AUTRE.

Des offenses d'autrui malheureuses victimes,
Que nous servent, hélas ! ces regrets superflus ?
Nos pères ont péché, nos pères ne sont plus,
Et nous portons la peine de leurs crimes.

TOUT LE CHOEUR.

Le dieu que nous servons est le dieu des combats :
Non, non, il ne souffrira pas
Qu'on égorge ainsi l'innocence.

UNE ISRAÉLITE, *seule*.

Hé quoi ! diroit l'impiété,
Où donc est-il ce dieu si redouté
Dont Israël nous vantoit la puissance ?

UNE AUTRE.

Ce dieu jaloux, ce dieu victorieux,
Frémissez, peuples de la terre,
Ce dieu jaloux, ce dieu victorieux,

Est le seul qui commande aux cieux :
Ni les éclairs ni le tonnerre
N'obéissent point à vos dieux.
#### UNE AUTRE.
Il renverse l'audacieux.
#### UNE AUTRE.
Il prend l'humble sous sa défense.
#### TOUT LE CHOEUR.
Le dieu que nous servons est le dieu des combats :
Non, non, il ne souffrira pas
Qu'on égorge ainsi l'innocence.
#### DEUX ISRAÉLITES.
O Dieu, que la gloire couronne,
Dieu, que la lumière environne,
Qui voles sur l'aile des vents,
Et dont le trône est porté par les anges :
#### DEUX AUTRES DES PLUS JEUNES.
Dieu, qui veux bien que de simples enfants
Avec eux chantent tes louanges ;
#### TOUT LE CHOEUR.
Tu vois nos pressants dangers :
Donne à ton nom la victoire ;
Ne souffre point que ta gloire
Passe à des dieux étrangers.
#### UNE ISRAÉLITE, *seule.*
Arme-toi, viens nous défendre :
Descends, tel qu'autrefois la mer te vit descendre :

ESTHER.

Que les méchants apprennent aujourd'hui
  A craindre ta colère :
Qu'ils soient comme la poudre et la paille légère
  Que le vent chasse devant lui.

TOUT LE CHOEUR.
Tu vois nos pressants dangers :
Donne à ton nom la victoire ;
Ne souffre point que ta gloire
Passe à des dieux étrangers.

FIN DU PREMIER ACTE.

# ACTE SECOND.

(Le théâtre représente la chambre où est le trône d'Assuérus.)

## SCÈNE I.

### AMAN, HYDASPE.

AMAN.
Hé quoi ! lorsque le jour ne commence qu'à luire,
Dans ce lieu redoutable oses-tu m'introduire ?
HYDASPE.
Vous savez qu'on s'en peut reposer sur ma foi ;
Que ces portes, seigneur, n'obéissent qu'à moi :
Venez. Par-tout ailleurs on pourroit nous entendre.
AMAN.
Quel est donc le secret que tu me veux apprendre ?
HYDASPE.
Seigneur, de vos bienfaits mille fois honoré,
Je me souviens toujours que je vous ai juré
D'exposer à vos yeux, par des avis sincères,

Tout ce que ce palais renferme de mystères.
Le roi d'un noir chagrin paroît enveloppé :
Quelque songe effrayant cette nuit l'a frappé.
Pendant que tout gardoit un silence paisible,
Sa voix s'est fait entendre avec un cri terrible :
J'ai couru. Le désordre étoit dans ses discours :
Il s'est plaint d'un péril qui menaçoit ses jours ;
Il parloit d'ennemi, de ravisseur farouche ;
Même le nom d'Esther est sorti de sa bouche.
Il a dans ces horreurs passé toute la nuit.
Enfin, las d'appeler un sommeil qui le fuit,
Pour écarter de lui ces images funèbres,
Il s'est fait apporter ces annales célèbres
Où les faits de son règne, avec soin amassés,
Par de fidèles mains chaque jour sont tracés ;
On y conserve écrits le service et l'offense,
Monuments éternels d'amour et de vengeance.
Le roi, que j'ai laissé plus calme dans son lit,
D'une oreille attentive écoute ce récit.

### AMAN.

De quel temps de sa vie a-t-il choisi l'histoire ?

### HYDASPE.

Il revoit tous ces temps si remplis de sa gloire,
Depuis le fameux jour qu'au trône de Cyrus
Le choix du sort plaça l'heureux Assuérus.

### AMAN.

Ce songe, Hydaspe, est donc sorti de son idée ?

## ACTE II.

HYDASPE.

Entre tous les devins fameux dans la Chaldée,
Il a fait assembler ceux qui savent le mieux
Lire en un songe obscur les volontés des cieux...
Mais quel trouble vous-même aujourd'hui vous agite?
Votre ame, en m'écoutant, paroît tout interdite :
L'heureux Aman a-t-il quelques secrets ennuis?

AMAN.

Peux-tu le demander dans la place où je suis?
Haï, craint, envié, souvent plus misérable
Que tous les malheureux que mon pouvoir accable!

HYDASPE.

Hé! qui jamais du ciel eut des regards plus doux?
Vous voyez l'univers prosterné devant vous.

AMAN.

L'univers! Tous les jours un homme... un vil esclave,
D'un front audacieux me dédaigne et me brave.

HYDASPE.

Quel est cet ennemi de l'état et du roi?

AMAN.

Le nom de Mardochée est-il connu de toi?

HYDASPE.

Qui? ce chef d'une race abominable, impie?

AMAN.

Oui, lui-même.

HYDASPE.

      Hé, seigneur! d'une si belle vie

Un si foible ennemi peut-il troubler la paix?
### AMAN.
L'insolent devant moi ne se courba jamais.
En vain de la faveur du plus grand des monarques
Tout révère à genoux les glorieuses marques;
Lorsque d'un saint respect tous les Persans touchés
N'osent lever leurs fronts à la terre attachés,
Lui, fièrement assis, et la tête immobile,
Traite tous ces honneurs d'impiété servile,
Présente à mes regards un front séditieux,
Et ne daigneroit pas au moins baisser les yeux!
Du palais cependant il assiége la porte :
A quelque heure que j'entre, Hydaspe, ou que je sorte,
Son visage odieux m'afflige et me poursuit;
Et mon esprit troublé le voit encor la nuit.
Ce matin j'ai voulu devancer la lumière :
Je l'ai trouvé couvert d'une affreuse poussière,
Revêtu de lambeaux, tout pâle; mais son œil
Conservoit sous la cendre encor le même orgueil.
D'où lui vient, cher ami, cette impudente audace?
Toi, qui dans ce palais vois tout ce qui se passe,
Crois-tu que quelque voix ose parler pour lui?
Sur quel roseau fragile a-t-il mis son appui?
### HYDASPE.
Seigneur, vous le savez, son avis salutaire
Découvrit de Tharès le complot sanguinaire.
Le roi promit alors de le récompenser :

## ACTE II.

Le roi, depuis ce temps, paroît n'y plus penser.
### AMAN.
Non, il faut à tes yeux dépouiller l'artifice.
J'ai su de mon destin corriger l'injustice :
Dans les mains des Persans jeune enfant apporté,
Je gouverne l'empire où je fus acheté ;
Mes richesses des rois égalent l'opulence ;
Environné d'enfants soutiens de ma puissance,
Il ne manque à mon front que le bandeau royal.
Cependant (des mortels aveuglement fatal !)
De cet amas d'honneurs la douceur passagère
Fait sur mon cœur à peine une atteinte légère ;
Mais Mardochée, assis aux portes du palais,
Dans ce cœur malheureux enfonce mille traits ;
Et toute ma grandeur me devient insipide,
Tandis que le soleil éclaire ce perfide.
### HYDASPE.
Vous serez de sa vue affranchi dans dix jours :
La nation entière est promise aux vautours.
### AMAN.
Ah ! que ce temps est long à mon impatience !
C'est lui, je te veux bien confier ma vengeance,
C'est lui qui, devant moi refusant de ployer,
Les a livrés au bras qui les va foudroyer.
C'étoit trop peu pour moi d'une telle victime :
La vengeance trop foible attire un second crime.
Un homme tel qu'Aman, lorsqu'on l'ose irriter,

Dans sa juste fureur ne peut trop éclater.
Il faut des châtiments dont l'univers frémisse ;
Qu'on tremble en comparant l'offense et le supplice ;
Que les peuples entiers dans le sang soient noyés.
Je veux qu'on dise un jour aux siècles effrayés :
« Il fut des Juifs, il fut une insolente race ;
« Répandus sur la terre ils en couvroient la face ;
« Un seul osa d'Aman attirer le courroux,
« Aussitôt de la terre ils disparurent tous. »

HYDASPE.

Ce n'est donc pas, seigneur, le sang amalécite
Dont la voix à les perdre en secret vous excite ?

AMAN.

Je sais que, descendu de ce sang malheureux,
Une éternelle haine a dû m'armer contre eux ;
Qu'ils firent d'Amalec un indigne carnage ;
Que, jusqu'aux vils troupeaux, tout éprouva leur rage ;
Qu'un déplorable reste à peine fut sauvé ;
Mais, crois-moi, dans le rang où je suis élevé,
Mon ame, à ma grandeur tout entière attachée,
Des intérêts du sang est foiblement touchée.
Mardochée est coupable ; et que faut-il de plus ?
Je prévins donc contre eux l'esprit d'Assuérus,
J'inventai des couleurs, j'armai la calomnie,
J'intéressai sa gloire : il trembla pour sa vie.
Je les peignis puissants, riches, séditieux ;
Leur dieu même ennemi de tous les autres dieux.

« Jusqu'à quand souffre-t-on que ce peuple respire,
« Et d'un culte profane infecte votre empire?
« Étrangers dans la Perse, à nos lois opposés,
« Du reste des humains ils semblent divisés,
« N'aspirent qu'à troubler le repos où nous sommes,
« Et, détestés par-tout, détestent tous les hommes.
« Prévenez, punissez, leurs insolents efforts;
« De leur dépouille enfin grossissez vos trésors. »
Je dis, et l'on me crut. Le roi, dès l'heure même,
Mit dans ma main le sceau de son pouvoir suprême :
« Assure, me dit-il, le repos de ton roi ;
« Va, perds ces malheureux : leur dépouille est à toi. »
Toute la nation fut ainsi condamnée.
Du carnage avec lui je réglai la journée.
Mais de ce traître enfin le trépas différé
Fait trop souffrir mon cœur de son sang altéré.
Un je ne sais quel trouble empoisonne ma joie.
Pourquoi dix jours encor faut-il que je le voie?

HYDASPE.

Et ne pouvez-vous pas d'un mot l'exterminer?
Dites au roi, seigneur, de vous l'abandonner.

AMAN.

Je viens pour épier le moment favorable.
Tu connois, comme moi, ce prince inexorable :
Tu sais combien terrible en ses soudains transports
De nos desseins souvent il rompt tous les ressorts.
Mais à me tourmenter ma crainte est trop subtile :

Mardochée à ses yeux est une ame trop vile.
#### HYDASPE.
Que tardez-vous? Allez, et faites promptement
Élever de sa mort le honteux instrument.
#### AMAN.
J'entends du bruit; je sors. Toi, si le roi m'appelle...
#### HYDASPE.
Il suffit.

## SCÈNE II.

### ASSUÉRUS, HYDASPE, ASAPH,
SUITE D'ASSUÉRUS.

#### ASSUÉRUS.
Ainsi donc, sans cet avis fidèle,
Deux traîtres dans son lit assassinoient leur roi?
Qu'on me laisse, et qu'Asaph seul demeure avec moi.

## SCÈNE III.

### ASSUÉRUS, ASAPH.

#### ASSUÉRUS, *assis sur son trône.*
Je veux bien l'avouer : de ce couple perfide
J'avois presque oublié l'attentat parricide;
Et j'ai pâli deux fois au terrible récit

Qui vient d'en retracer l'image à mon esprit.
Je vois de quel succès leur fureur fut suivie,
Et que dans les tourments ils laissèrent la vie;
Mais ce sujet zélé qui, d'un œil si subtil,
Sut de leur noir complot développer le fil,
Qui me montra sur moi leur main déja levée,
Enfin par qui la Perse avec moi fut sauvée,
Quel honneur pour sa foi, quel prix a-t-il reçu?

ASAPH.
On lui promit beaucoup : c'est tout ce que j'ai su.

ASSUÉRUS.
O d'un si grand service oubli trop condamnable!
Des embarras du trône effet inévitable!
De soins tumultueux un prince environné
Vers de nouveaux objets est sans cesse entraîné;
L'avenir l'inquiète, et le présent le frappe;
Mais, plus prompt que l'éclair, le passé nous échappe;
Et de tant de mortels, à toute heure empressés
A nous faire valoir leurs soins intéressés,
Il ne s'en trouve point qui, touchés d'un vrai zéle,
Prennent à notre gloire un intérêt fidéle,
Du mérite oublié nous fassent souvenir,
Trop prompts à nous parler de ce qu'il faut punir.
Ah! que plutôt l'injure échappe à ma vengeance,
Qu'un si rare bienfait à ma reconnoissance!
Et qui voudroit jamais s'exposer pour son roi?
Ce mortel qui montra tant de zéle pour moi

Vit-il encore?

ASAPH.

Il voit l'astre qui vous éclaire.

ASSUÉRUS.

Et que n'a-t-il plus tôt demandé son salaire?
Quel pays reculé le cache à mes bienfaits?

ASAPH.

Assis le plus souvent aux portes du palais,
Sans se plaindre de vous, ni de sa destinée,
Il y traîne, seigneur, sa vie infortunée.

ASSUÉRUS.

Et je dois d'autant moins oublier la vertu,
Qu'elle-même s'oublie. Il se nomme, dis-tu?

ASAPH.

Mardochée est le nom que je viens de vous lire.

ASSUÉRUS.

Et son pays?

ASAPH.

Seigneur, puisqu'il faut vous le dire,
C'est un de ces captifs à périr destinés,
Des rives du Jourdain sur l'Euphrate amenés.

ASSUÉRUS.

Il est donc Juif! O ciel, sur le point que la vie
Par mes propres sujets m'alloit être ravie,
Un Juif rend par ses soins leurs efforts impuissants!
Un Juif m'a préservé du glaive des Persans!

Mais, puisqu'il m'a sauvé, quel qu'il soit, il n'importe.
Holà, quelqu'un.

## SCÈNE IV.

### ASSUÉRUS, HYDASPE, ASAPH.

HYDASPE.
Seigneur ?
ASSUÉRUS.
Regarde à cette porte ;
Vois s'il s'offre à tes yeux quelque grand de ma cour.
HYDASPE.
Aman à votre porte a devancé le jour.
ASSUÉRUS.
Qu'il entre. Ses avis m'éclaireront peut-être.

## SCÈNE V.

### ASSUÉRUS, AMAN, HYDASPE, ASAPH.

ASSUÉRUS.
Approche, heureux appui du trône de ton maître,
Ame de mes conseils, et qui seul tant de fois
Du sceptre dans ma main as soulagé le poids.
Un reproche secret embarrasse mon ame.
Je sais combien est pur le zèle qui t'enflamme·

Le mensonge jamais n'entra dans tes discours,
Et mon intérêt seul est le but où tu cours.
Dis-moi donc : que doit faire un prince magnanime
Qui veut combler d'honneurs un sujet qu'il estime?
Par quel gage éclatant, et digne d'un grand roi,
Puis-je récompenser le mérite et la foi?
Ne donne point de borne à ma reconnoissance :
Mesure tes conseils sur ma vaste puissance.

AMAN, *tout bas.*

C'est pour toi-même, Aman, que tu vas prononcer :
Et quel autre que toi peut-on récompenser?

ASSUÉRUS.

Que penses-tu?

AMAN.

Seigneur, je cherche, j'envisage
Des monarques persans la conduite et l'usage;
Mais à mes yeux en vain je les rappelle tous :
Pour vous régler sur eux, que sont-ils près de vous?
Votre règne aux neveux doit servir de modèle.
Vous voulez d'un sujet reconnoître le zèle,
L'honneur seul peut flatter un esprit généreux :
Je voudrois donc, seigneur, que ce mortel heureux,
De la pourpre aujourd'hui paré comme vous-même,
Et portant sur le front le sacré diadème,
Sur un de vos coursiers pompeusement orné,
Aux yeux de vos sujets dans Suse fût mené;
Que, pour comble de gloire et de magnificence,

Un seigneur éminent en richesse, en puissance,
Enfin de votre empire après vous le premier,
Par la bride guidât son superbe coursier ;
Et lui-même marchant en habits magnifiques
Criât à haute voix dans les places publiques :
« Mortels, prosternez-vous : c'est ainsi que le roi
« Honore le mérite, et couronne la foi. »
### ASSUÉRUS.
Je vois que la sagesse elle-même t'inspire.
Avec mes volontés ton sentiment conspire.
Va, ne perds point de temps : ce que tu m'as dicté,
Je veux de point en point qu'il soit exécuté.
La vertu dans l'oubli ne sera plus cachée.
Aux portes du palais prends le juif Mardochée :
C'est lui que je prétends honorer aujourd'hui ;
Ordonne son triomphe, et marche devant lui ;
Que Suse par ta voix de son nom retentisse,
Et fais à son aspect que tout genou fléchisse.
Sortez tous.
### AMAN.
Dieux !

## SCÈNE VI.

### ASSUÉRUS.

Le prix est sans doute inouï :
Jamais d'un tel honneur un sujet n'a joui ;
Mais plus la récompense est grande et glorieuse,
Plus même de ce Juif la race est odieuse,
Plus j'assure ma vie, et montre avec éclat
Combien Assuérus redoute d'être ingrat.
On verra l'innocent discerné du coupable :
Je n'en perdrai pas moins ce peuple abominable ;
Leurs crimes...

## SCÈNE VII.

### ASSUÉRUS, ESTHER, ÉLISE, THAMAR.
#### PARTIE DU CHOEUR.

*(Esther entre s'appuyant sur Élise ; quatre Israélites soutiennent sa robe.)*

### ASSUÉRUS.

Sans mon ordre on porte ici ses pas !
Quel mortel insolent vient chercher le trépas ?
Gardes... C'est vous, Esther ? Quoi ! sans être attendue ?

## ACTE II.

ESTHER.

Mes filles, soutenez votre reine éperdue :
Je me meurs.

(*Elle tombe évanouie.*)

ASSUÉRUS.

Dieux puissants! quelle étrange pâleur
De son teint tout-à-coup efface la couleur!
Esther, que craignez-vous? Suis-je pas votre frère?
Est-ce pour vous qu'est fait un ordre si sévère?
Vivez : le sceptre d'or que vous tend cette main,
Pour vous de ma clémence est un gage certain.

ESTHER.

Quelle voix salutaire ordonne que je vive,
Et rappelle en mon sein mon ame fugitive?

ASSUÉRUS.

Ne connoissez-vous pas la voix de votre époux?
Encore un coup, vivez, et revenez à vous.

ESTHER.

Seigneur, je n'ai jamais contemplé qu'avec crainte
L'auguste majesté sur votre front empreinte;
Jugez combien ce front irrité contre moi
Dans mon ame troublée a dû jeter d'effroi :
Sur ce trône sacré qu'environne la foudre
J'ai cru vous voir tout prêt à me réduire en poudre.
Hélas! sans frissonner, quel cœur audacieux
Soutiendroit les éclairs qui partoient de vos yeux?
Ainsi du Dieu vivant la colère étincelle...

ASSUÉRUS.

O soleil! ô flambeau de lumière immortelle!
Je me trouble moi-même; et sans frémissement
Je ne puis voir sa peine et son saisissement.
Calmez, reine, calmez la frayeur qui vous presse.
Du cœur d'Assuérus souveraine maîtresse,
Éprouvez seulement son ardente amitié.
Faut-il de mes états vous donner la moitié?

ESTHER.

Eh! se peut-il qu'un roi craint de la terre entière,
Devant qui tout fléchit et baise la poussière,
Jette sur son esclave un regard si serein,
Et m'offre sur son cœur un pouvoir souverain?

ASSUÉRUS.

Croyez-moi, chère Esther, ce sceptre, cet empire,
Et ces profonds respects que la terreur inspire,
A leur pompeux éclat mêlent peu de douceur,
Et fatiguent souvent leur triste possesseur.
Je ne trouve qu'en vous je ne sais quelle grace
Qui me charme toujours et jamais ne me lasse.
De l'aimable vertu doux et puissants attraits!
Tout respire en Esther l'innocence et la paix.
Du chagrin le plus noir elle écarte les ombres,
Et fait des jours sereins de mes jours les plus sombres;
Que dis-je? sur ce trône assis auprès de vous,
Des astres ennemis j'en crains moins le courroux,
Et crois que votre front prête à mon diadème

## ACTE II.

Un éclat qui le rend respectable aux dieux même.
Osez donc me répondre, et ne me cachez pas
Quel sujet important conduit ici vos pas.
Quel intérêt, quels soins vous agitent, vous pressent?
Je vois qu'en m'écoutant vos yeux au ciel s'adressent.
Parlez : de vos desirs le succès est certain,
Si ce succès dépend d'une mortelle main.

### ESTHER.

O bonté qui m'assure autant qu'elle m'honore !
Un intérêt pressant veut que je vous implore :
J'attends ou mon malheur ou ma félicité;
Et tout dépend, seigneur, de votre volonté.
Un mot de votre bouche, en terminant mes peines,
Peut rendre Esther heureuse entre toutes les reines.

### ASSUÉRUS.

Ah ! que vous enflammez mon desir curieux !

### ESTHER.

Seigneur, si j'ai trouvé grace devant vos yeux,
Si jamais à mes vœux vous fûtes favorable,
Permettez, avant tout, qu'Esther puisse à sa table
Recevoir aujourd'hui son souverain seigneur,
Et qu'Aman soit admis à cet excès d'honneur.
J'oserai devant lui rompre ce grand silence;
Et j'ai pour m'expliquer besoin de sa présence.

### ASSUÉRUS.

Dans quelle inquiétude, Esther, vous me jetez !
Toutefois qu'il soit fait comme vous souhaitez.

( *A ceux de sa suite.* )
Vous, que l'on cherche Aman; et qu'on lui fasse entendre
Qu'invité chez la reine, il ait soin de s'y rendre.

## SCÈNE VIII.

### ASSUÉRUS, ESTHER, ÉLISE, THÁMAR, HYDASPE, PARTIE DU CHOEUR.

HYDASPE.
Les savants Chaldéens, par votre ordre appelés,
Dans cet appartement, seigneur, sont assemblés.
ASSUÉRUS.
Princesse, un songe étrange occupe ma pensée :
Vous-même en leur réponse êtes intéressée.
Venez, derrière un voile écoutant leurs discours,
De vos propres clartés me prêter le secours.
Je crains pour vous, pour moi, quelque ennemi perfide.
ESTHER.
Suis-moi, Thamar. Et vous, troupe jeune et timide,
Sans craindre ici les yeux d'une profane cour,
A l'abri de ce trône attendez mon retour.

## SCÈNE IX.

(Cette scène est partie déclamée, et partie chantée.)

ÉLISE, PARTIE DU CHOEUR.

ÉLISE.
Que vous semble, mes sœurs, de l'état où nous sommes?
D'Esther, d'Aman, qui le doit emporter?
Est-ce Dieu, sont-ce les hommes,
Dont les œuvres vont éclater?
Vous avez vu quelle ardente colère
Allumoit de ce roi le visage sévère.

UNE DES ISRAÉLITES.
Des éclairs de ses yeux l'œil étoit ébloui.

UNE AUTRE.
Et sa voix m'a paru comme un tonnerre horrible.

ÉLISE.
Comment ce courroux si terrible
En un moment s'est-il évanoui?

UNE DES ISRAÉLITES *chante*.
Un moment a changé ce courage inflexible:
Le lion rugissant est un agneau paisible.
Dieu, notre Dieu sans doute a versé dans son cœur
Cet esprit de douceur.

LE CHOEUR *chante*.
Dieu, notre Dieu sans doute a versé dans son cœur

Cet esprit de douceur.
### LA MÊME ISRAÉLITE *chante.*
Tel qu'un ruisseau docile
Obéit à la main qui détourne son cours,
Et, laissant de ses eaux partager le secours,
Va rendre tout un champ fertile,
Dieu, de nos volontés arbitre souverain,
Le cœur des rois est ainsi dans ta main.
### ÉLISE.
Ah! que je crains, mes sœurs, les funestes nuages
Qui de ce prince obscurcissent les yeux!
Comme il est aveuglé du culte de ses dieux!
### UNE ISRAÉLITE.
Il n'atteste jamais que leurs noms odieux.
### UNE AUTRE.
Aux feux inanimés dont se parent les cieux
Il rend de profanes hommages.
### UNE AUTRE.
Tout son palais est plein de leurs images.
### LE CHOEUR *chante.*
Malheureux! vous quittez le maître des humains
Pour adorer l'ouvrage de vos mains!
### UNE ISRAÉLITE *chante.*
Dieu d'Israël, dissipe enfin cette ombre :
Des larmes de tes saints quand seras-tu touché?
Quand sera le voile arraché
Qui sur tout l'univers jette une nuit si sombre?

## ACTE II.

Dieu d'Israël, dissipe enfin cette ombre :
Jusqu'à quand seras-tu caché ?

UNE DES PLUS JEUNES ISRAÉLITES.

Parlons plus bas, mes sœurs. Ciel! si quelque infidèle,
Écoutant nos discours, nous alloit déceler!

ÉLISE.

Quoi! fille d'Abraham, une crainte mortelle
Semble déja vous faire chanceler!
Hé! si l'impie Aman, dans sa main homicide
Faisant luire à vos yeux un glaive menaçant,
A blasphémer le nom du Tout-Puissant
Vouloit forcer votre bouche timide!

UNE AUTRE ISRAÉLITE.

Peut-être Assuérus, frémissant de courroux,
Si nous ne courbons les genoux
Devant une muette idole,
Commandera qu'on nous immole.
Chère sœur, que choisirez-vous?

LA JEUNE ISRAÉLITE.

Moi, je pourrois trahir le Dieu que j'aime!
J'adorerois un dieu sans force et sans vertu,
Reste d'un tronc par les vents abattu,
Qui ne peut se sauver lui-même!

LE CHOEUR *chante.*

Dieux impuissants, dieux sourds, tous ceux qui vous implorei
Ne seront jamais entendus.
Que les démons, et ceux qui les adorent,

Soient à jamais détruits et confondus!
### UNE ISRAÉLITE *chante*.
Que ma bouche et mon cœur, et tout ce que je suis,
Rendent honneur au Dieu qui m'a donné la vie.
  Dans les craintes, dans les ennuis,
  En ses bontés mon ame se confie.
Veut-il par mon trépas que je le glorifie?
Que ma bouche et mon cœur, et tout ce que je suis,
Rendent honneur au Dieu qui m'a donné la vie.
### ÉLISE.
Je n'admirai jamais la gloire de l'impie.
### UNE AUTRE ISRAÉLITE.
Au bonheur du méchant qu'une autre porte envie.
### ÉLISE.
  Tous ses jours paroissent charmants;
  L'or éclate en ses vêtements;
Son orgueil est sans borne ainsi que sa richesse;
Jamais l'air n'est troublé de ses gémissements;
Il s'endort, il s'éveille au son des instruments.
  Son cœur nage dans la mollesse.
### UNE AUTRE ISRAÉLITE.
  Pour comble de prospérité,
Il espère revivre en sa postérité;
Et d'enfants à sa table une riante troupe
Semble boire avec lui la joie à pleine coupe.

  ( Tout le reste est chanté. )

## ACTE II.

LE CHOEUR.

Heureux, dit-on, le peuple florissant
Sur qui ces biens coulent en abondance !
Plus heureux le peuple innocent
Qui dans le Dieu du ciel a mis sa confiance !

UNE ISRAÉLITE, *seule.*

Pour contenter ses frivoles desirs
L'homme insensé vainement se consume :
Il trouve l'amertume
Au milieu des plaisirs.

UNE AUTRE, *seule.*

Le bonheur de l'impie est toujours agité ;
Il erre à la merci de sa propre inconstance.
Ne cherchons la félicité
Que dans la paix de l'innocence.

LA MÊME, *avec une autre.*

O douce paix !
O lumière éternelle !
Beauté toujours nouvelle !
Heureux le cœur épris de tes attraits !
O douce paix !
O lumière éternelle !
Heureux le cœur qui ne te perd jamais !

LE CHOEUR.

O douce paix !
O lumière éternelle !
Beauté toujours nouvelle !

O douce paix!
Heureux le cœur qui ne te perd jamais!
LA MÊME, *seule*.
Nulle paix pour l'impie : il la cherche, elle fuit;
Et le calme en son cœur ne trouve point de place :
Le glaive au-dehors le poursuit;
Le remords au-dedans le glace.
UNE AUTRE.
La gloire des méchants en un moment s'éteint :
L'affreux tombeau pour jamais les dévore.
Il n'en est pas ainsi de celui qui te craint :
Il renaîtra, mon Dieu, plus brillant que l'aurore.
LE CHOEUR.
O douce paix!
Heureux le cœur qui ne te perd jamais!
ÉLISE, *sans chanter*.
Mes sœurs, j'entends du bruit dans la chambre prochaine.
On nous appelle : allons rejoindre notre reine.

FIN DU SECOND ACTE.

# ACTE TROISIÈME.

(Le théâtre représente les jardins d'Esther, et un des côtés du salon où se fait le festin.

## SCÈNE I.

### AMAN, ZARÈS.

ZARÈS.

C'est donc ici d'Esther le superbe jardin ;
Et ce salon pompeux est le lieu du festin ?
Mais, tandis que la porte en est encor fermée,
Écoutez les conseils d'une épouse alarmée.
Au nom du sacré nœud qui me lie avec vous,
Dissimulez, seigneur, cet aveugle courroux ;
Éclaircissez ce front où la tristesse est peinte :
Les rois craignent sur-tout le reproche et la plainte.
Seul entre tous les grands par la reine invité,
Ressentez donc aussi cette félicité.
Si le mal vous aigrit, que le bienfait vous touche.
Je l'ai cent fois appris de votre propre bouche :

Quiconque ne sait pas dévorer un affront,
Ni de fausses couleurs se déguiser le front,
Loin de l'aspect des rois qu'il s'écarte, qu'il fuie.
Il est des contre-temps qu'il faut qu'un sage essuie :
Souvent avec prudence un outrage enduré
Aux honneurs les plus hauts a servi de degré.

AMAN.

O douleur! ô supplice affreux à la pensée!
O honte, qui jamais ne peut être effacée!
Un exécrable Juif, l'opprobre des humains,
S'est donc vu de la pourpre habillé par mes mains!
C'est peu qu'il ait sur moi remporté la victoire;
Malheureux, j'ai servi de héraut à sa gloire!
Le traître, il insultoit à ma confusion;
Et tout le peuple même, avec dérision
Observant la rougeur qui couvroit mon visage,
De ma chute certaine en tiroit le présage.
Roi cruel, ce sont là les jeux où tu te plais!
Tu ne m'as prodigué tes perfides bienfaits
Que pour me faire mieux sentir ta tyrannie,
Et m'accabler enfin de plus d'ignominie.

ZARÈS.

Pourquoi juger si mal de son intention?
Il croit récompenser une bonne action.
Ne faut-il pas, seigneur, s'étonner au contraire
Qu'il en ait si long-temps différé le salaire?
Du reste, il n'a rien fait que par votre conseil.

Vous-même avez dicté tout ce triste appareil :
Vous êtes après lui le premier de l'empire.
Sait-il toute l'horreur que ce Juif vous inspire ?

AMAN.

Il sait qu'il me doit tout, et que, pour sa grandeur,
J'ai foulé sous les pieds remords, crainte, pudeur;
Qu'avec un cœur d'airain exerçant sa puissance
J'ai fait taire les lois, et gémir l'innocence;
Que pour lui, des Persans bravant l'aversion,
J'ai chéri, j'ai cherché la malédiction :
Et, pour prix de ma vie à leur haine exposée,
Le barbare aujourd'hui m'expose à leur risée!

ZARÈS.

Seigneur, nous sommes seuls. Que sert de se flatter?
Ce zéle que pour lui vous fîtes éclater,
Ce soin d'immoler tout à son pouvoir suprême,
Entre nous, avoient-ils d'autre objet que vous-même?
Et, sans chercher plus loin, tous ces Juifs désolés,
N'est-ce pas à vous seul que vous les immolez?
Et ne craignez-vous point que quelque avis funeste...
Enfin la cour nous hait, le peuple nous déteste.
Ce Juif même, il le faut confesser malgré moi,
Ce Juif, comblé d'honneurs, me cause quelque effroi.
Les malheurs sont souvent enchaînés l'un à l'autre,
Et sa race toujours fut fatale à la vôtre.
De ce léger affront songez à profiter.
Peut-être la fortune est prête à vous quitter;

Aux plus affreux excès son inconstance passe :
Prévenez son caprice avant qu'elle se lasse.
Où tendez-vous plus haut ? Je frémis quand je voi
Les abymes profonds qui s'offrent devant moi :
La chute désormais ne peut être qu'horrible.
Osez chercher ailleurs un destin plus paisible :
Regagnez l'Hellespont et ces bords écartés
Où vos aïeux errants jadis furent jetés,
Lorsque des Juifs contre eux la vengeance allumée
Chassa tout Amalec de la triste Idumée.
Aux malices du sort enfin dérobez-vous.
Nos plus riches trésors marcheront devant nous :
Vous pouvez du départ me laisser la conduite,
Sur-tout de vos enfants j'assurerai la fuite.
N'ayez soin cependant que de dissimuler.
Contente, sur vos pas vous me verrez voler :
La mer la plus terrible et la plus orageuse
Est plus sûre pour nous que cette cour trompeuse.
Mais à grands pas vers vous je vois quelqu'un marcher :
C'est Hydaspe.

## SCÈNE II.

AMAN, ZARÈS, HYDASPE.

HYDASPE, *à Aman.*
Seigneur, je courois vous chercher.

## ACTE III.

Votre absence en ces lieux suspend toute la joie;
Et pour vous y conduire Assuérus m'envoie.

AMAN.

Et Mardochée est-il aussi de ce festin?

HYDASPE.

A la table d'Esther portez-vous ce chagrin?
Quoi! toujours de ce Juif l'image vous désole?
Laissez-le s'applaudir d'un triomphe frivole.
Croit-il d'Assuérus éviter la rigueur?
Ne possédez-vous pas son oreille et son cœur?
On a payé le zéle, on punira le crime;
Et l'on vous a, seigneur, orné votre victime.
Je me trompe, ou vos vœux par Esther secondés
Obtiendront plus encor que vous ne demandez.

AMAN.

Croirai-je le bonheur que ta bouche m'annonce?

HYDASPE.

J'ai des savants devins entendu la réponse:
Ils disent que la main d'un perfide étranger
Dans le sang de la reine est prête à se plonger.
Et le roi, qui ne sait où trouver le coupable,
N'impute qu'aux seuls Juifs ce projet détestable.

AMAN.

Oui, ce sont, cher ami, des monstres furieux:
Il faut craindre sur-tout leur chef audacieux.
La terre avec horreur dès long-temps les endure;
Et l'on n'en peut trop tôt délivrer la nature.

Ah! je respire enfin. Chère Zarès, adieu.
#### HYDASPE.
Les compagnes d'Esther s'avancent vers ce lieu:
Sans doute leur concert va commencer la fête.
Entrez, et recevez l'honneur qu'on vous apprête.

## SCÈNE III.

### ÉLISE, LE CHOEUR.

*(Ceci se récite sans chant.)*

#### UNE DES ISRAÉLITES.
C'est Aman.
#### UNE AUTRE.
C'est lui-même, et j'en frémis, ma sœur.
#### LA PREMIÈRE.
Mon cœur de crainte et d'horreur se resserre.
#### L'AUTRE.
C'est d'Israël le superbe oppresseur.
#### LA PREMIÈRE.
C'est celui qui trouble la terre.
#### ÉLISE.
Peut-on, en le voyant, ne le connoître pas!
L'orgueil et le dédain sont peints sur son visage.
#### UNE ISRAÉLITE.
On lit dans ses regards sa fureur et sa rage.

## ACTE III.

UNE AUTRE.

Je croyois voir marcher la mort devant ses pas.

UNE DES PLUS JEUNES.

Je ne sais si ce tigre a reconnu sa proie :
Mais, en nous regardant, mes sœurs, il m'a semblé
Qu'il avoit dans les yeux une barbare joie
  Dont tout mon sang est encore troublé.

ÉLISE.

Que ce nouvel honneur va croître son audace !
  Je le vois, mes sœurs, je le voi :
A la table d'Esther l'insolent près du roi
  A déja pris sa place.

UNE DES ISRAÉLITES.

Ministres du festin, de grace, dites-nous
Quels mets à ce cruel, quel vin préparez-vous ?

UNE AUTRE.

Le sang de l'orphelin,

UNE TROISIÈME.

        Les pleurs des misérables,

LA SECONDE.

Sont ses mets les plus agréables ;

LA TROISIÈME.

C'est son breuvage le plus doux.

ÉLISE.

Chères sœurs, suspendez la douleur qui vous presse.
Chantons, on nous l'ordonne ; et que puissent nos chants
Du cœur d'Assuérus adoucir la rudesse ;

Comme autrefois David, par ses accords touchants,
Calmoit d'un roi jaloux la sauvage tristesse !
(Tout le reste de cette scène est chanté.)

UNE ISRAÉLITE.

Que le peuple est heureux,
Lorsqu'un roi généreux,
Craint dans tout l'univers, veut encore qu'on l'aime !
Heureux le peuple ! heureux le roi lui-même !

TOUT LE CHOEUR.

O repos ! ô tranquillité !
O d'un parfait bonheur assurance éternelle,
Quand la suprême autorité
Dans ses conseils a toujours auprès d'elle
La justice et la vérité !

(Ces quatre stances sont chantées alternativement par une voix seule et par tout le chœur.)

UNE ISRAÉLITE.

Rois, chassez la calomnie :
Ses criminels attentats
Des plus paisibles états
Troublent l'heureuse harmonie.

Sa fureur, de sang avide,
Poursuit par-tout l'innocent.
Rois, prenez soin de l'absent
Contre sa langue homicide.

## ACTE III.

De ce monstre si farouche
Craignez la feinte douceur :
La vengeance est dans son cœur,
Et la pitié dans sa bouche.

La fraude adroite et subtile
Sème de fleurs son chemin :
Mais sur ses pas vient enfin
Le repentir inutile.

UNE ISRAÉLITE, *seule.*
D'un souffle l'aquilon écarte les nuages,
Et chasse au loin la foudre et les orages.
Un roi sage, ennemi du langage menteur,
Écarte d'un regard le perfide imposteur.
UNE AUTRE.
J'admire un roi victorieux,
Que sa valeur conduit triomphant en tous lieux;
Mais un roi sage et qui hait l'injustice,
Qui, sous la loi du riche impérieux,
Ne souffre point que le pauvre gémisse,
Est le plus beau présent des cieux.
UNE AUTRE.
La veuve en sa défense espère;
UNE AUTRE.
De l'orphelin il est le père;

## TOUTES ENSEMBLE.

Et les larmes du juste implorant son appui
    Sont précieuses devant lui.

## UNE ISRAÉLITE, *seule*.

Détourne, roi puissant, détourne tes oreilles
   De tout conseil barbare et mensonger.
    Il est temps que tu t'éveilles :
Dans le sang innocent ta main va se plonger
    Pendant que tu sommeilles.
Détourne, roi puissant, détourne tes oreilles
   De tout conseil barbare et mensonger.

## UNE AUTRE.

Ainsi puisse sous toi trembler la terre entière !
Ainsi puisse à jamais contre tes ennemis
Le bruit de ta valeur te servir de barrière !
S'ils t'attaquent, qu'ils soient en un moment soumis ;
  Que de ton bras la force les renverse ;
  Que de ton nom la terreur les disperse ;
Que tout leur camp nombreux soit devant tes soldats
   Comme d'enfants une troupe inutile ;
Et si par un chemin il entre en tes états,
   Qu'il en sorte par plus de mille.

## SCÈNE IV.

ASSUÉRUS, ESTHER, AMAN, ÉLISE,
LE CHOEUR.

ASSUÉRUS, *à Esther.*
Oui, vos moindres discours ont des graces secrétes :
Une noble pudeur à tout ce que vous faites
Donne un prix que n'ont point ni la pourpre ni l'or.
Quel climat renfermoit un si rare trésor ?
Dans quel sein vertueux avez-vous pris naissance,
Et quelle main si sage éleva votre enfance ?
Mais dites promptement ce que vous demandez :
Tous vos desirs, Esther, vous seront accordés ;
Dussiez-vous, je l'ai dit, et veux bien le redire,
Demander la moitié de ce puissant empire.

ESTHER.
Je ne m'égare point dans ces vastes desirs.
Mais puisqu'il faut enfin expliquer mes soupirs,
Puisque mon roi lui-même à parler me convie,
( *Elle se jette aux pieds du roi.* )
J'ose vous implorer, et pour ma propre vie,
Et pour les tristes jours d'un peuple infortuné
Qu'à périr avec moi vous avez condamné.

ASSUÉRUS, *la relevant.*
A périr ! Vous ! Quel peuple ? Et quel est ce mystère ?

AMAN, *tout bas.*

Je tremble.

ESTHER.

Esther, seigneur, eut un Juif pour son père
De vos ordres sanglants vous savez la rigueur.

AMAN, *à part.*

Ah dieux!

ASSUÉRUS.

Ah! de quel coup me percez-vous le cœur.
Vous la fille d'un Juif! Hé quoi! tout ce que j'aime,
Cette Esther, l'innocence et la sagesse même,
Que je croyois du ciel les plus chères amours,
Dans cette source impure auroit puisé ses jours!
Malheureux!

ESTHER.

Vous pourrez rejeter ma prière :
Mais je demande au moins que, pour grace dernière,
Jusqu'à la fin, seigneur, vous m'entendiez parler,
Et que sur-tout Aman n'ose point me troubler.

ASSUÉRUS.

Parlez.

ESTHER.

O Dieu, confonds l'audace et l'imposture!
Ces Juifs, dont vous voulez délivrer la nature,
Que vous croyez, seigneur, le rebut des humains,
D'une riche contrée autrefois souverains,
Pendant qu'ils n'adoroient que le Dieu de leurs pères,

Ont vu bénir le cours de leurs destins prospères.
  Ce Dieu, maître absolu de la terre et des cieux,
N'est point tel que l'erreur le figure à vos yeux :
L'Éternel est son nom ; le monde est son ouvrage ;
Il entend les soupirs de l'humble qu'on outrage,
Juge tous les mortels avec d'égales lois,
Et du haut de son trône interroge les rois.
Des plus fermes états la chute épouvantable,
Quand il veut, n'est qu'un jeu de sa main redoutable.
Les Juifs à d'autres dieux osèrent s'adresser :
Roi, peuples, en un jour tout se vit disperser :
Sous les Assyriens leur triste servitude
Devint le juste prix de leur ingratitude.
  Mais, pour punir enfin nos maîtres à leur tour,
Dieu fit choix de Cyrus avant qu'il vît le jour,
L'appela par son nom, le promit à la terre,
Le fit naître, et soudain l'arma de son tonnerre,
Brisa les fiers remparts et les portes d'airain,
Mit des superbes rois la dépouille en sa main,
De son temple détruit vengea sur eux l'injure :
Babylone paya nos pleurs avec usure.
Cyrus, par lui vainqueur, publia ses bienfaits,
Regarda notre peuple avec des yeux de paix,
Nous rendit et nos lois et nos fêtes divines ;
Et le temple déja sortoit de ses ruines.
Mais, de ce roi si sage héritier insensé,
Son fils interrompit l'ouvrage commencé,

Fut sourd à nos douleurs : Dieu rejeta sa race,
Le retrancha lui-même, et vous mit en sa place.
Que n'espérions-nous point d'un roi si généreux !
Dieu regarde en pitié son peuple malheureux,
Disions-nous : un roi règne, ami de l'innocence.
Par-tout du nouveau prince on vantoit la clémence :
Les Juifs par-tout de joie en poussèrent des cris.
Ciel ! verra-t-on toujours par de cruels esprits
Des princes les plus doux l'oreille environnée,
Et du bonheur public la source empoisonnée ?
Dans le fond de la Thrace un barbare enfanté
Est venu dans ces lieux souffler la cruauté ;
Un ministre ennemi de votre propre gloire...

### AMAN.

De votre gloire ! Moi ? Ciel ! Le pourriez-vous croire ?
Moi, qui n'ai d'autre objet ni d'autre dieu...

### ASSUÉRUS.

Tais-toi.
Oses-tu donc parler sans l'ordre de ton roi ?

### ESTHER.

Notre ennemi cruel devant vous se déclare :
C'est lui, c'est ce ministre infidèle et barbare
Qui, d'un zèle trompeur à vos yeux revêtu,
Contre notre innocence arma votre vertu.
Et quel autre, grand Dieu ! qu'un Scythe impitoyable,
Auroit de tant d'horreurs dicté l'ordre effroyable !
Par-tout l'affreux signal en même temps donné

De meurtres remplira l'univers étonné :
On verra, sous le nom du plus juste des princes,
Un perfide étranger désoler vos provinces ;
Et dans ce palais même, en proie à son courroux,
Le sang de vos sujets regorger jusqu'à vous.
 Et que reproche aux Juifs sa haine envenimée ?
Quelle guerre intestine avons-nous allumée ?
Les a-t-on vus marcher parmi vos ennemis ?
Fut-il jamais au joug esclaves plus soumis ?
Adorant dans leurs fers le Dieu qui les châtie,
Pendant que votre main sur eux appesantie
A leurs persécuteurs les livroit sans secours,
Ils conjuroient ce Dieu de veiller sur vos jours,
De rompre des méchants les trames criminelles,
De mettre votre trône à l'ombre de ses ailes.
N'en doutez point, seigneur, il fut votre soutien :
Lui seul mit à vos pieds le Parthe et l'Indien,
Dissipa devant vous les innombrables Scythes,
Et renferma les mers dans vos vastes limites ;
Lui seul aux yeux d'un Juif découvrit le dessein
De deux traîtres tout prêts à vous percer le sein.
Hélas, ce Juif jadis m'adopta pour sa fille.

ASSUÉRUS.

Mardochée ?

ESTHER.
    Il restoit seul de notre famille.
Mon père étoit son frère. Il descend comme moi

Du sang infortuné de notre premier roi.
Plein d'une juste horreur pour un Amalécite,
Race que notre Dieu de sa bouche a maudite,
Il n'a devant Aman pu fléchir les genoux,
Ni lui rendre un honneur qu'il ne croit dû qu'à vous.
De là contre les Juifs et contre Mardochée
Cette haine, seigneur, sous d'autres noms cachée.
En vain de vos bienfaits Mardochée est paré :
A la porte d'Aman est déja préparé
D'un infame trépas l'instrument exécrable;
Dans une heure au plus tard ce vieillard vénérable
Des portes du palais par son ordre arraché,
Couvert de votre pourpre, y doit être attaché.

ASSUÉRUS.

Quel jour mêlé d'horreur vient effrayer mon ame !
Tout mon sang de colère et de honte s'enflamme.
J'étois donc le jouet... Ciel, daigne m'éclairer !
Un moment sans témoins cherchons à respirer.
Appelez Mardochée : il faut aussi l'entendre.

(*Le roi s'éloigne.*)

UNE ISRAÉLITE.

Vérité, que j'implore, achéve de descendre !

ACTE III.

## SCÈNE V.

ESTHER, AMAN, ÉLISE, LE CHOEUR.

AMAN, *à Esther.*

D'un juste étonnement je demeure frappé.
Les ennemis des Juifs m'ont trahi, m'ont trompé :
J'en atteste du ciel la puissance suprême,
En les perdant j'ai cru vous assurer vous-même.
Princesse, en leur faveur, employez mon crédit :
Le roi, vous le voyez, flotte encore interdit.
Je sais par quels ressorts on le pousse, on l'arrête ;
Et fais, comme il me plaît, le calme et la tempête.
Les intérêts des Juifs déja me sont sacrés.
Parlez : vos ennemis aussitôt massacrés,
Victimes de la foi que ma bouche vous jure,
De ma fatale erreur répareront l'injure.
Quel sang demandez-vous ?

ESTHER.

Va, traître, laisse-moi.
Les Juifs n'attendent rien d'un méchant tel que toi.
Misérable, le Dieu vengeur de l'innocence,
Tout prêt à te juger, tient déja sa balance !
Bientôt son juste arrêt te sera prononcé.
Tremble : son jour approche, et ton règne est passé.

#### AMAN.

Oui, ce Dieu, je l'avoue, est un Dieu redoutable.
Mais veut-il que l'on garde une haine implacable?
C'en est fait : mon orgueil est forcé de plier;
L'inexorable Aman est réduit à prier.

( *Il se jette à ses pieds.* )

Par le salut des Juifs, par ces pieds que j'embrasse,
Par ce sage vieillard, l'honneur de votre race,
Daignez d'un roi terrible apaiser le courroux;
Sauvez Aman qui tremble à vos sacrés genoux.

## SCÈNE VI.

### ASSUÉRUS, ESTHER, AMAN, ÉLISE, LE CHOEUR, GARDES.

#### ASSUÉRUS.

Quoi! le traître sur vous porte ses mains hardies!
Ah! dans ses yeux confus je lis ses perfidies;
Et son trouble, appuyant la foi de vos discours,
De tous ses attentats me rappelle le cours.
Qu'à ce monstre à l'instant l'ame soit arrachée;
Et que devant sa porte, au lieu de Mardochée,
Apaisant par sa mort et la terre et les cieux,
De mes peuples vengés il repaisse les yeux!

( *Aman est emmené par les gardes.* )

## SCÈNE VII.

ASSUÉRUS, ESTHER, MARDOCHÉE, ÉLISE,
LE CHOEUR.

ASSUÉRUS *continue en s'adressant à Mardochée.*
Mortel chéri du ciel, mon salut et ma joie,
Aux conseils des méchants ton roi n'est plus en proie;
Mes yeux sont dessillés, le crime est confondu :
Viens briller près de moi dans le rang qui t'est dû.
Je te donne d'Aman les biens et la puissance :
Possède justement son injuste opulence.
Je romps le joug funeste où les Juifs sont soumis;
Je leur livre le sang de tous leurs ennemis;
A l'égal des Persans je veux qu'on les honore,
Et que tout tremble au nom du Dieu qu'Esther adore.
Rebâtissez son temple, et peuplez vos cités;
Que vos heureux enfants dans leurs solennités
Consacrent de ce jour le triomphe et la gloire,
Et qu'à jamais mon nom vive dans leur mémoire!

ESTHER.

## SCÈNE VIII.

ASSUÉRUS, ESTHER, MARDOCHÉE, ASAPH,
ÉLISE, LE CHOEUR.

ASSUÉRUS.

Que veut Asaph ?

ASAPH.

Seigneur, le traître est expiré,
Par le peuple en fureur à moitié déchiré.
On traîne, on va donner en spectacle funeste
De son corps tout sanglant le misérable reste.

MARDOCHÉE.

Roi, qu'à jamais le ciel prenne soin de vos jours !
Le péril des Juifs presse, et veut un prompt secours.

ASSUÉRUS.

Oui, je t'entends. Allons, par des ordres contraires,
Révoquer d'un méchant les ordres sanguinaires.

ESTHER.

O Dieu, par quelle route inconnue aux mortels
Ta sagesse conduit ses desseins éternels !

## SCÈNE IX.

### LE CHOEUR.

TOUT LE CHOEUR.
Dieu fait triompher l'innocence :
Chantons, célébrons sa puissance.
UNE ISRAÉLITE.
Il a vu contre nous les méchants s'assembler,
Et notre sang prêt à couler.
Comme l'eau sur la terre ils alloient le répandre :
Du haut du ciel sa voix s'est fait entendre ;
L'homme superbe est renversé,
Ses propres flèches l'ont percé.
UNE AUTRE.
J'ai vu l'impie adoré sur la terre ;
Pareil au cèdre il cachoit dans les cieux
Son front audacieux ;
Il sembloit à son gré gouverner le tonnerre,
Fouloit aux pieds ses ennemis vaincus :
Je n'ai fait que passer, il n'étoit déja plus.
UNE AUTRE.
On peut des plus grands rois surprendre la justice :
Incapables de tromper,
Ils ont peine à s'échapper

Des pièges de l'artifice.
Un cœur noble ne peut soupçonner en autrui
La bassesse et la malice
Qu'il ne sent point en lui.

UNE AUTRE.

Comment s'est calmé l'orage?

UNE AUTRE.

Quelle main salutaire a chassé le nuage?

TOUT LE CHOEUR.

L'aimable Esther a fait ce grand ouvrage.

UNE ISRAÉLITE *seule*.

De l'amour de son Dieu son cœur s'est embrasé;
Au péril d'une mort funeste
Son zèle ardent s'est exposé:
Elle a parlé, le ciel a fait le reste.

DEUX ISRAÉLITES.

Esther a triomphé des filles des Persans:
La nature et le ciel à l'envi l'ont ornée.

L'UNE DES DEUX.

Tout ressent de ses yeux les charmes innocents.
Jamais tant de beauté fut-elle couronnée?

L'AUTRE.

Les charmes de son cœur sont encor plus puissants.
Jamais tant de vertu fut-elle couronnée?

TOUTES DEUX *ensemble*.

Esther a triomphé des filles des Persans:
La nature et le ciel à l'envi l'ont ornée.

## ACTE III.

UNE SEULE.

Ton Dieu n'est plus irrité :
Réjouis-toi, Sion, et sors de la poussière;
Quitte les vêtements de ta captivité,
Et reprends ta splendeur première.
Les chemins de Sion à la fin sont ouverts :
Rompez vos fers,
Tribus captives ;
Troupes fugitives,
Repassez les monts et les mers;
Rassemblez-vous des bouts de l'univers.

TOUT LE CHOEUR.

Rompez vos fers,
Tribus captives ;
Troupes fugitives,
Repassez les monts et les mers ;
Rassemblez-vous des bouts de l'univers.

UNE ISRAÉLITE *seule*.

Je reverrai ces campagnes si chères.

UNE AUTRE.

J'irai pleurer au tombeau de mes pères.

TOUT LE CHOEUR.

Repassez les monts et les mers;
Rassemblez-vous des bouts de l'univers.

UNE ISRAÉLITE *seule*.

Relevez, relevez les superbes portiques
Du temple où notre Dieu se plaît d'être adoré;

Que de l'or le plus pur son autel soit paré,
Et que du sein des monts le marbre soit tiré.
Liban, dépouille-toi de tes cèdres antiques;
    Prêtres sacrés, préparez vos cantiques.

#### UNE AUTRE.

Dieu descend et revient habiter parmi nous:
   Terre, frémis d'allégresse et de crainte.
    Et vous, sous sa majesté sainte,
      Cieux, abaissez-vous !

#### UNE AUTRE.

Que le Seigneur est bon, que son joug est aimable !
Heureux qui dès l'enfance en connoît la douceur !
Jeune peuple, courez à ce maître adorable :
Les biens les plus charmants n'ont rien de comparable
Aux torrents de plaisirs qu'il répand dans un cœur.
Que le Seigneur est bon, que son joug est aimable !
Heureux qui dès l'enfance en connoît la douceur !

#### UNE AUTRE.

    Il s'apaise, il pardonne;
   Du cœur ingrat qui l'abandonne
     Il attend le retour;
  Il excuse notre foiblesse;
  A nous chercher même il s'empresse.
   Pour l'enfant qu'elle a mis au jour
   Une mère a moins de tendresse.
Ah ! qui peut avec lui partager notre amour !

## ACTE III.

TROIS ISRAÉLITES.

Il nous fait remporter une illustre victoire.

L'UNE DES TROIS.

Il nous a révélé sa gloire.

TOUTES TROIS *ensemble*.

Ah! qui peut avec lui partager notre amour!

TOUT LE CHOEUR.

Que son nom soit béni; que son nom soit chanté;
    Que l'on célèbre ses ouvrages
    Au-delà des temps et des âges,
Au-delà de l'éternité!

FIN D'ESTHER.

# ATHALIE,

## TRAGÉDIE

TIRÉE DE L'ÉCRITURE SAINTE.

1691.

# PRÉFACE.

Tout le monde sait que le royaume de Juda étoit composé des deux tribus de Juda et de Benjamin, et que les dix autres tribus qui se révoltèrent contre Roboam composoient le royaume d'Israël. Comme les rois de Juda étoient de la maison de David, et qu'ils avoient dans leur partage la ville et le temple de Jérusalem, tout ce qu'il y avoit de prêtres et de lévites se retirèrent auprès d'eux, et leur demeurèrent toujours attachés : car, depuis que le temple de Salomon fut bâti, il n'étoit plus permis de sacrifier ailleurs ; et tous ces autres autels qu'on élevoit à Dieu sur des montagnes, appelées par cette raison dans l'Écriture les hauts lieux, ne lui étoient point agréables. Ainsi le culte légitime ne subsistoit plus que dans Juda. Les dix tribus, excepté un très petit nombre de personnes, étoient ou idolâtres ou schismatiques.

Au reste, ces prêtres et ces lévites faisoient

eux-mêmes une tribu fort nombreuse. Ils furent partagés en diverses classes pour servir tour-à-tour dans le temple, d'un jour de sabbat à l'autre. Les prêtres étoient de la famille d'Aaron; et il n'y avoit que ceux de cette famille, lesquels pussent exercer la sacrificature. Les lévites leur étoient subordonnés, et avoient soin, entre autres choses, du chant, de la préparation des victimes, et de la garde du temple. Ce nom de lévite ne laisse pas d'être donné quelquefois indifféremment à tous ceux de la tribu. Ceux qui étoient en semaine avoient, ainsi que le grand-prêtre, leur logement dans les portiques ou galeries dont le temple étoit environné, et qui faisoient partie du temple même. Tout l'édifice s'appeloit en général le lieu saint; mais on appeloit plus particulièrement de ce nom cette partie du temple intérieur où étoient le chandelier d'or, l'autel des parfums, et les tables des pains de proposition; et cette partie étoit encore distinguée du Saint des saints où étoit l'arche, et où le grand-prêtre seul avoit droit d'entrer une fois l'année. C'étoit une tradition assez constante, que la montagne sur laquelle le temple fut bâti étoit la même montagne où Abraham avoit autrefois offert en sacrifice son fils Isaac.

J'ai cru devoir expliquer ici ces particularités, afin que ceux à qui l'histoire de l'ancien Testament ne sera pas assez présente n'en soient point arrêtés en lisant cette tragédie. Elle a pour sujet Joas reconnu et mis sur le trône: et j'aurois dû, dans les régles, l'intituler Joas; mais la plupart du monde n'en ayant entendu parler que sous le nom d'Athalie, je n'ai pas jugé à propos de la leur présenter sous un autre titre, puisque d'ailleurs Athalie y joue un personnage si considérable, et que c'est sa mort qui termine la piéce. Voici une partie des principaux événements qui devancèrent cette grande action:

Joram, roi de Juda, fils de Josaphat, et le septième roi de la race de David, épousa Athalie, fille d'Achab et de Jézabel, qui régnoient en Israël, fameux l'un et l'autre, mais principalement Jézabel, par leurs sanglantes persécutions contre les prophétes. Athalie, non moins impie que sa mère, entraîna bientôt le roi son mari dans l'idolâtrie, et fit même construire dans Jérusalem un temple à Baal, qui étoit le dieu du pays de

Tyr et de Sidon, où Jézabel avoit pris naissance. Joram, après avoir vu périr par les mains des Arabes et des Philistins tous les princes ses enfants, à la réserve d'Ochozias, mourut lui-même misérablement d'une longue maladie qui lui consuma les entrailles. Sa mort funeste n'empêcha pas Ochozias d'imiter son impiété et celle d'Athalie sa mère. Mais ce prince, après avoir régné seulement un an, étant allé rendre visite au roi d'Israël, frère d'Athalie, fut enveloppé dans la ruine de la maison d'Achab, et tué par l'ordre de Jéhu, que Dieu avoit fait sacrer par ses prophètes pour régner sur Israël, et pour être le ministre de ses vengeances. Jéhu extermina toute la postérité d'Achab, et fit jeter par les fenêtres Jézabel, qui, selon la prédiction d'Élie, fut mangée des chiens dans la vigne de ce même Naboth qu'elle avoit fait mourir autrefois pour s'emparer de son héritage. Athalie, ayant appris à Jérusalem tous ces massacres, entreprit de son côté d'éteindre entièrement la race royale de David, en faisant mourir tous les enfants d'Ochozias, ses petits-fils. Mais heureusement Josabeth, sœur d'Ochozias, et fille de Joram, mais d'une

## PRÉFACE.

autre mère qu'Athalie, étant arrivée lorsqu'on égorgeoit les princes ses neveux, elle trouva moyen de dérober du milieu des morts le petit Joas encore à la mamelle, et le confia avec sa nourrice au grand-prêtre son mari, qui les cacha tous deux dans le temple, où l'enfant fut élevé secrétement jusqu'au jour qu'il fut proclamé roi de Juda. L'Histoire des rois dit que ce fut la septième année d'après. Mais le texte grec des Paralipomènes, que Sévère Sulpice a suivi, dit que ce fut la huitième. C'est ce qui m'a autorisé à donner à ce prince neuf à dix ans, pour le mettre déja en état de répondre aux questions qu'on lui fait.

Je crois ne lui avoir rien fait dire qui soit au-dessus de la portée d'un enfant de cet âge qui a de l'esprit et de la mémoire. Mais quand j'aurois été un peu au-delà, il faut considérer que c'est ici un enfant tout extraordinaire, élevé dans le temple par un grand-prêtre, qui, le regardant comme l'unique espérance de sa nation, l'avoit instruit de bonne heure dans tous les devoirs de la religion et de la royauté. Il n'en étoit pas de même des enfants des Juifs, que de la plupart des nôtres : on leur apprenoit les saintes lettres, non seulement dès qu'ils avoient atteint l'usage de la raison, mais, pour me servir de l'expression de saint Paul, dès la mamelle. Chaque Juif étoit obligé d'écrire une fois en sa vie, de sa propre main, le volume de la loi tout entier. Les rois étoient même obligés de l'écrire deux fois, et il leur étoit enjoint de l'avoir continuellement devant les yeux. Je puis dire ici que la France voit en la personne d'un prince de huit ans et demi, qui fait aujourd'hui ses plus chères délices, un exemple illustre de ce que peut dans un enfant un heureux naturel aidé d'une excellente éducation ; et que si j'avois donné au petit Joas la même vivacité et le même discernement qui brillent dans les reparties de ce jeune prince, on m'auroit accusé avec raison d'avoir péché contre les régles de la vraisemblance.

L'âge de Zacharie, fils du grand-prêtre, n'étant point marqué, on peut lui supposer, si l'on veut, deux ou trois ans de plus qu'à Joas.

J'ai suivi l'explication de plusieurs commentateurs fort habiles, qui prouvent, par le texte même de l'Écriture, que tous ces soldats à qui

Joïada, ou Joad, comme il est appelé dans Josèphe, fit prendre les armes consacrées à Dieu par David, étoient autant de prêtres et de lévites, aussi-bien que les cinq centeniers qui les commandoient. En effet, disent ces interprètes, tout devoit être saint dans une si sainte action, et aucun profane n'y devoit être employé. Il s'y agissoit non seulement de conserver le sceptre dans la maison de David, mais encore de conserver à ce grand roi cette suite de descendants dont devoit naître le Messie : « Car ce Messie tant de fois « promis comme fils d'Abraham, devoit aussi être « le fils de David et de tous les rois de Juda. » De là vient que l'illustre et savant prélat[1] de qui j'ai emprunté ces paroles appelle Joas le précieux reste de la maison de David. Josèphe en parle dans les mêmes termes ; et l'Écriture dit expressément que Dieu n'extermina pas toute la famille de Joram, voulant conserver à David la lampe qu'il lui avoit promise. Or cette lampe, qu'étoit-ce

---

[1] M. de Meaux. (*Note de Racine.*) Les paroles que Racine vient de citer sont tirées de l'HISTOIRE UNIVERSELLE de Bossuet, seconde partie, sect. IV.

autre chose que la lumière qui devoit être un jour révélée aux nations?

L'histoire ne spécifie point le jour où Joas fut proclamé. Quelques interprètes veulent que ce fût un jour de fête. J'ai choisi celle de la Pentecôte, qui étoit l'une des trois grandes fêtes des Juifs. On y célébroit la mémoire de la publication de la loi sur le mont de Sinaï, et on y offroit aussi à Dieu les premiers pains de la nouvelle moisson : ce qui faisoit qu'on la nommoit encore la fête des prémices. J'ai songé que ces circonstances me fourniroient quelque variété pour les chants du chœur.

Ce chœur est composé de jeunes filles de la tribu de Lévi, et je mets à leur tête une fille que je donne pour sœur à Zacharie. C'est elle qui introduit le chœur chez sa mère. Elle chante avec lui, porte la parole pour lui, et fait enfin les fonctions de ce personnage des anciens chœurs qu'on appeloit le coryphée. J'ai aussi essayé d'imiter des anciens cette continuité d'action qui fait que leur théâtre ne demeure jamais vide, les intervalles des actes n'étant marqués que par des hymnes et par des moralités du chœur, qui ont rapport à ce qui se passe.

# PRÉFACE.

On me trouvera peut-être un peu hardi d'avoir osé mettre sur la scène un prophète inspiré de Dieu, et qui prédit l'avenir. Mais j'ai eu la précaution de ne mettre dans sa bouche que des expressions tirées des prophétes mêmes. Quoique l'Écriture ne dise pas en termes exprès que Joïada ait eu l'esprit de prophétie, comme elle le dit de son fils, elle le représente comme un homme tout plein de l'esprit de Dieu. Et d'ailleurs ne paroît-il pas, par l'Évangile, qu'il a pu prophétiser en qualité de souverain pontife? Je suppose donc qu'il voit en esprit le funeste changement de Joas, qui, après trente années d'un règne fort pieux, s'abandonna aux mauvais conseils des flatteurs, et se souilla du meurtre de Zacharie, fils et successeur de ce grand-prêtre. Ce meurtre, commis dans le temple, fut une des principales causes de la colère de Dieu contre les Juifs, et de tous les malheurs qui leur arrivèrent dans la suite. On prétend même que depuis ce jour-là les réponses de Dieu cessèrent entièrement dans le sanctuaire. C'est ce qui m'a donné lieu de faire prédire de suite à Joad et la destruction du temple et la ruine de Jérusalem. Mais comme les prophètes joignent d'ordinaire les consolations aux menaces, et que d'ailleurs il s'agit de mettre sur le trône un des ancêtres du Messie, j'ai pris occasion de faire entrevoir la venue de ce consolateur, après lequel tous les anciens justes soupiroient. Cette scène, qui est une espèce d'épisode, amène très naturellement la musique, par la coutume qu'avoient plusieurs prophètes d'entrer dans leurs saints transports au son des instruments : témoin cette troupe de prophètes qui vinrent au-devant de Saül avec des harpes et des lyres qu'on portoit devant eux; et témoin Élisée lui-même, qui, étant consulté sur l'avenir par le roi de Juda et par le roi d'Israël, dit, comme fait ici Joad : *Adducite mihi psaltem* [1]. Ajoutez à cela que cette prophétie sert beaucoup à augmenter le trouble dans la pièce, par la consternation et par les différents mouvements où elle jette le chœur et les principaux acteurs.

[1] « Faites-moi venir un joueur de harpe. » (Chap. III, v. 15 du livre IV DES ROIS.)

# PERSONNAGES.

JOAS, roi de Juda, fils d'Ochozias.
ATHALIE, veuve de Joram, aïeule de Joas.
JOAD, autrement JOÏADA, grand-prêtre.
JOSABETH, tante de Joas, femme du grand-prêtre.
ZACHARIE, fils de Joad et de Josabeth.
SALOMITH, sœur de Zacharie.
ABNER, l'un des principaux officiers des rois de Juda.
AZARIAS, ISMAEL, ET LES TROIS AUTRES CHEFS DES PRÊTRES ET DES LÉVITES.
MATHAN, prêtre apostat, sacrificateur de Baal.
NABAL, confident de Mathan.
AGAR, femme de la suite d'Athalie.
TROUPE DE PRÊTRES ET DE LÉVITES.
SUITE D'ATHALIE.
LA NOURRICE DE JOAS.
CHOEUR DE JEUNES FILLES DE LA TRIBU DE LÉVI.

La scène est dans le temple de Jérusalem, dans un vestibule de l'appartement du grand-prêtre.

# ATHALIE.

## ACTE PREMIER.

### SCÈNE I.

#### JOAD, ABNER.

ABNER.

Oui, je viens dans son temple adorer l'Éternel;
Je viens, selon l'usage antique et solennel,
Célébrer avec vous la fameuse journée
Où sur le mont Sina la loi nous fut donnée.
Que les temps sont changés ! Sitôt que de ce jour
La trompette sacrée annonçoit le retour,
Du temple, orné par-tout de festons magnifiques,
Le peuple saint en foule inondoit les portiques;
Et tous, devant l'autel avec ordre introduits,
De leurs champs dans leurs mains portant les nouveaux fruits
Au Dieu de l'univers consacroient ces prémices :
Les prêtres ne pouvoient suffire aux sacrifices.
L'audace d'une femme, arrêtant ce concours,

En des jours ténébreux a changé ces beaux jours.
D'adorateurs zélés à peine un petit nombre
Ose des premiers temps nous retracer quelque ombre
Le reste pour son Dieu montre un oubli fatal;
Ou même, s'empressant aux autels de Baal,
Se fait initier à ses honteux mystères,
Et blasphème le nom qu'ont invoqué leurs pères.
Je tremble qu'Athalie, à ne vous rien cacher,
Vous-même de l'autel vous faisant arracher,
N'achève enfin sur vous ses vengeances funestes,
Et d'un respect forcé ne dépouille les restes.

JOAD.

D'où vous vient aujourd'hui ce noir pressentiment?

ABNER.

Pensez-vous être saint et juste impunément?
Dès long-temps elle hait cette fermeté rare
Qui rehausse en Joad l'éclat de la tiare;
Dès long-temps votre amour pour la religion
Est traité de révolte et de sédition.
Du mérite éclatant cette reine jalouse
Hait sur-tout Josabeth, votre fidèle épouse.
Si du grand-prêtre Aaron Joad est successeur,
De notre dernier roi Josabeth est la sœur.
Mathan, d'ailleurs, Mathan, ce prêtre sacrilége,
Plus méchant qu'Athalie, à toute heure l'assiége;
Mathan, de nos autels infame déserteur,
Et de toute vertu zélé persécuteur.

C'est peu que, le front ceint d'une mitre étrangère,
Ce lévite à Baal prête son ministère ;
Ce temple l'importune, et son impiété
Voudroit anéantir le Dieu qu'il a quitté.
Pour vous perdre il n'est point de ressorts qu'il n'invente ;
Quelquefois il vous plaint, souvent même il vous vante ;
Il affecte pour vous une fausse douceur ;
Et, par-là de son fiel colorant la noirceur,
Tantôt à cette reine il vous peint redoutable,
Tantôt, voyant pour l'or sa soif insatiable,
Il lui feint qu'en un lieu que vous seul connoissez,
Vous cachez des trésors par David amassés.
Enfin, depuis deux jours, la superbe Athalie
Dans un sombre chagrin paroît ensevelie.
Je l'observois hier, et je voyois ses yeux
Lancer sur le lieu saint des regards furieux :
Comme si, dans le fond de ce vaste édifice,
Dieu cachoit un vengeur armé pour son supplice.
Croyez-moi, plus j'y pense, et moins je puis douter
Que sur vous son courroux ne soit près d'éclater ;
Et que de Jézabel la fille sanguinaire
Ne vienne attaquer Dieu jusqu'en son sanctuaire.

JOAD.

Celui qui met un frein à la fureur des flots
Sait aussi des méchants arrêter les complots.
Soumis avec respect à sa volonté sainte,
Je crains Dieu, cher Abner, et n'ai point d'autre crainte.

Cependant je rends grâce au zèle officieux
Qui sur tous mes périls vous fait ouvrir les yeux.
Je vois que l'injustice en secret vous irrite,
Que vous avez encor le cœur israélite.
Le ciel en soit béni! Mais ce secret courroux,
Cette oisive vertu, vous en contentez-vous?
La foi qui n'agit point, est-ce une foi sincère?
Huit ans déja passés, une impie étrangère
Du sceptre de David usurpe tous les droits,
Se baigne impunément dans le sang de nos rois,
Des enfants de son fils détestable homicide,
Et même contre Dieu lève son bras perfide;
Et vous, l'un des soutiens de ce tremblant état,
Vous, nourri dans les camps du saint roi Josaphat,
Qui sous son fils Joram commandiez nos armées,
Qui rassurâtes seul nos villes alarmées,
Lorsque d'Ochozias le trépas imprévu
Dispersa tout son camp à l'aspect de Jéhu :
« Je crains Dieu, dites-vous, sa vérité me touche! »
Voici comme ce Dieu vous répond par ma bouche :
« Du zèle de ma loi que sert de vous parer?
« Par de stériles vœux pensez-vous m'honorer?
« Quel fruit me revient-il de tous vos sacrifices?
« Ai-je besoin du sang des boucs et des génisses?
« Le sang de vos rois crie, et n'est point écouté.
« Rompez, rompez tout pacte avec l'impiété;
« Du milieu de mon peuple exterminez les crimes;

« Et vous viendrez alors m'immoler vos victimes. »

ABNER.

Hé! que puis-je au milieu de ce peuple abattu?
Benjamin est sans force, et Juda sans vertu :
Le jour qui de leurs rois vit éteindre la race
Éteignit tout le feu de leur antique audace.
Dieu même, disent-ils, s'est retiré de nous :
De l'honneur des Hébreux autrefois si jaloux,
Il voit sans intérêt leur grandeur terrassée ;
Et sa miséricorde à la fin s'est lassée :
On ne voit plus pour nous ses redoutables mains
De merveilles sans nombre effrayer les humains ;
L'arche sainte est muette, et ne rend plus d'oracles.

JOAD.

Et quel temps fut jamais si fertile en miracles ?
Quand Dieu par plus d'effets montra-t-il son pouvoir ?
Auras-tu donc toujours des yeux pour ne point voir,
Peuple ingrat? Quoi! toujours les plus grandes merveilles,
Sans ébranler ton cœur frapperont tes oreilles ?
Faut-il, Abner, faut-il vous rappeler le cours
Des prodiges fameux accomplis en nos jours,
Des tyrans d'Israël les célèbres disgraces,
Et Dieu trouvé fidèle en toutes ses menaces ;
L'impie Achab détruit, et de son sang trempé
Le champ que par le meurtre il avoit usurpé ;
Près de ce champ fatal Jézabel immolée,
Sous les pieds des chevaux cette reine foulée,

Dans son sang inhumain les chiens désaltérés,
Et de son corps hideux les membres déchirés;
Des prophètes menteurs la troupe confondue,
Et la flamme du ciel sur l'autel descendue;
Élie aux éléments parlant en souverain,
Les cieux par lui fermés et devenus d'airain,
Et la terre trois ans sans pluie et sans rosée,
Les morts se ranimant à la voix d'Élisée?
Reconnoissez, Abner, à ces traits éclatants,
Un Dieu tel aujourd'hui qu'il fut dans tous les temps :
Il sait, quand il lui plaît, faire éclater sa gloire;
Et son peuple est toujours présent à sa mémoire.

ABNER.

Mais où sont ces honneurs à David tant promis,
Et prédits même encore à Salomon son fils?
Hélas! nous espérions que de leur race heureuse
Devoit sortir de rois une suite nombreuse;
Que sur toute tribu, sur toute nation,
L'un d'eux établiroit sa domination,
Feroit cesser par-tout la discorde et la guerre,
Et verroit à ses pieds tous les rois de la terre.

JOAD.

Aux promesses du ciel pourquoi renoncez-vous?

ABNER.

Ce roi fils de David, où le chercherons-nous?
Le ciel même peut-il réparer les ruines
De cet arbre séché jusque dans ses racines?

## ACTE PREMIER.

Athalie étouffa l'enfant même au berceau.
Les morts, après huit ans, sortent-ils du tombeau?
Ah! si dans sa fureur elle s'étoit trompée;
Si du sang de nos rois quelque goutte échappée...

JOAD.

Hé bien! que feriez-vous?

ABNER.

O jour heureux pour moi!
De quelle ardeur j'irois reconnoître mon roi!
Doutez-vous qu'à ses pieds nos tribus empressées...
Mais pourquoi me flatter de ces vaines pensées?
Déplorable héritier de ces rois triomphants,
Ochozias restoit seul avec ses enfants;
Par les traits de Jéhu je vis percer le père;
Vous avez vu les fils massacrés par la mère.

JOAD.

Je ne m'explique point; mais quand l'astre du jour
Aura sur l'horizon fait le tiers de son tour,
Lorsque la troisième heure aux prières rappelle,
Retrouvez-vous au temple, avec ce même zéle.
Dieu pourra vous montrer, par d'importants bienfaits,
Que sa parole est stable et ne trompe jamais.
Allez: pour ce grand jour il faut que je m'apprête,
Et du temple déja l'aube blanchit le faîte.

ABNER.

Quel sera ce bienfait que je ne comprends pas?
L'illustre Josabeth porte vers vous ses pas:

Je sors, et vais me joindre à la troupe fidèle
Qu'attire de ce jour la pompe solennelle.

## SCÈNE II.

### JOAD, JOSABETH.

JOAD.

Les temps sont accomplis, princesse : il faut parler,
Et votre heureux larcin ne se peut plus celer.
Des ennemis de Dieu la coupable insolence,
Abusant contre lui de ce profond silence,
Accuse trop long-temps ses promesses d'erreur.
Que dis-je? Le succès animant leur fureur,
Jusque sur notre autel votre injuste marâtre
Veut offrir à Baal un encens idolâtre.
Montrons ce jeune roi que vos mains ont sauvé,
Sous l'aile du Seigneur dans le temple élevé.
De nos princes hébreux il aura le courage,
Et déja son esprit a devancé son âge.
Avant que son destin s'explique par ma voix,
Je vais l'offrir au Dieu par qui règnent les rois :
Aussitôt assemblant nos lévites, nos prêtres,
Je leur déclarerai l'héritier de leurs maîtres.

JOSABETH.

Sait-il déja son nom et son noble destin?

## ACTE PREMIER.

JOAD.

Il ne répond encor qu'au nom d'Éliacin,
Et se croit quelque enfant rejeté par sa mère,
A qui j'ai par pitié daigné servir de père.

JOSABETH.

Hélas! de quel péril je l'avois su tirer!
Dans quel péril encore il est près de rentrer!

JOAD.

Quoi! déja votre foi s'affoiblit et s'étonne?

JOSABETH.

A vos sages conseils, seigneur, je m'abandonne.
Du jour que j'arrachai cet enfant à la mort,
Je remis en vos mains tout le soin de son sort;
Même, de mon amour craignant la violence,
Autant que je le puis j'évite sa présence,
De peur qu'en le voyant quelque trouble indiscret
Ne fasse avec mes pleurs échapper mon secret.
Sur-tout j'ai cru devoir aux larmes, aux prières,
Consacrer ces trois jours et ces trois nuits entières.
Cependant aujourd'hui puis-je vous demander
Quels amis vous avez prêts à vous seconder?
Abner, le brave Abner viendra-t-il nous défendre?
A-t-il près de son roi fait serment de se rendre?

JOAD.

Abner, quoiqu'on se pût assurer sur sa foi,
Ne sait pas même encor si nous avons un roi.

JOSABETH.

Mais à qui de Joas confiez-vous la garde?
Est-ce Obed, est-ce Ammon que cet honneur regarde?
De mon père sur eux les bienfaits répandus...

JOAD.

A l'injuste Athalie ils se sont tous vendus.

JOSABETH.

Qui donc opposez-vous contre ses satellites?

JOAD.

Ne vous l'ai-je pas dit? Nos prêtres, nos lévites.

JOSABETH.

Je sais que, près de vous en secret assemblé,
Par vos soins prévoyants leur nombre est redoublé;
Que, pleins d'amour pour vous, d'horreur pour Athalie,
Un serment solennel par avance les lie
A ce fils de David qu'on leur doit révéler.
Mais, quelque noble ardeur dont ils puissent brûler,
Peuvent-ils de leur roi venger seuls la querelle?
Pour un si grand ouvrage est-ce assez de leur zèle?
Doutez-vous qu'Athalie, au premier bruit semé
Qu'un fils d'Ochozias est ici renfermé,
De ses fiers étrangers assemblant les cohortes,
N'environne le temple, et n'en brise les portes?
Suffira-t-il contre eux de vos ministres saints,
Qui, levant au Seigneur leurs innocentes mains,
Ne savent que gémir et prier pour nos crimes,
Et n'ont jamais versé que le sang des victimes?

## ACTE PREMIER.

Peut-être dans leurs bras Joas percé de coups...

JOAD.

Et comptez-vous pour rien Dieu qui combat pour nous;
Dieu, qui de l'orphelin protége l'innocence,
Et fait dans la foiblesse éclater sa puissance;
Dieu, qui hait les tyrans, et qui dans Jezraël
Jura d'exterminer Achab et Jézabel;
Dieu, qui, frappant Joram le mari de leur fille,
A jusque sur son fils poursuivi leur famille;
Dieu, dont le bras vengeur, pour un temps suspendu,
Sur cette race impie est toujours étendu?

JOSABETH.

Et c'est sur tous ces rois sa justice sévère
Que je crains pour le fils de mon malheureux frère.
Qui sait si cet enfant, par leur crime entraîné,
Avec eux en naissant ne fut pas condamné?
Si Dieu, le séparant d'une odieuse race,
En faveur de David voudra lui faire grace?
Hélas! l'état horrible où le ciel me l'offrit
Revient à tout moment effrayer mon esprit.
De princes égorgés la chambre étoit remplie;
Un poignard à la main l'implacable Athalie
Au carnage animoit ses barbares soldats,
Et poursuivoit le cours de ses assassinats.
Joas, laissé pour mort, frappa soudain ma vue:
Je me figure encor sa nourrice éperdue,
Qui devant les bourreaux s'étoit jetée en vain,

Et, foible, le tenoit renversé sur son sein.
Je le pris tout sanglant. En baignant son visage
Mes pleurs du sentiment lui rendirent l'usage;
Et, soit frayeur encore, ou pour me caresser,
De ses bras innocents je me sentis presser.
Grand Dieu! que mon amour ne lui soit point funeste!
Du fidéle David c'est le précieux reste :
Nourri dans ta maison, en l'amour de ta loi,
Il ne connoît encor d'autre père que toi.
Sur le point d'attaquer une reine homicide,
A l'aspect du péril si ma foi s'intimide,
Si la chair et le sang, se troublant aujourd'hui,
Ont trop de part aux pleurs que je répands pour lui,
Conserve l'héritier de tes saintes promesses,
Et ne punis que moi de toutes mes foiblesses!

JOAD.

Vos larmes, Josabeth, n'ont rien de criminel,
Mais Dieu veut qu'on espère en son soin paternel.
Il ne recherche point, aveugle en sa colère,
Sur le fils qui le craint l'impiété du père.
Tout ce qui reste encor de fidéles Hébreux
Lui viendront aujourd'hui renouveler leurs vœux :
Autant que de David la race est respectée,
Autant de Jézabel la fille est détestée.
Joas les touchera par sa noble pudeur
Où semble de son sang reluire la splendeur;
Et Dieu, par sa voix même appuyant notre exemple,

De plus près à leur cœur parlera dans son temple.
Deux infidèles rois tour-à-tour l'ont bravé :
Il faut que sur le trône un roi soit élevé,
Qui se souvienne un jour qu'au rang de ses ancêtres
Dieu l'a fait remonter par la main de ses prêtres,
L'a tiré par leurs mains de l'oubli du tombeau,
Et de David éteint rallumé le flambeau.
  Grand Dieu ! si tu prévois qu'indigne de sa race,
Il doive de David abandonner la trace,
Qu'il soit comme le fruit en naissant arraché,
Ou qu'un souffle ennemi dans sa fleur a séché !
Mais si ce même enfant, à tes ordres docile,
Doit être à tes desseins un instrument utile,
Fais qu'au juste héritier le sceptre soit remis ;
Livre en mes foibles mains ses puissants ennemis ;
Confonds dans ses conseils une reine cruelle :
Daigne, daigne, mon Dieu, sur Mathan et sur elle
Répandre cet esprit d'imprudence et d'erreur,
De la chute des rois funeste avant-coureur !
  L'heure me presse : adieu. Des plus saintes familles
Votre fils et sa sœur vous amènent les filles.

## SCÈNE III.

### JOSABETH, ZACHARIE, SALOMITH,
#### LE CHOEUR

JOSABETH.

Cher Zacharie, allez, ne vous arrêtez pas ;
De votre auguste père accompagnez les pas.
　O filles de Lévi, troupe jeune et fidéle,
Que déjà le Seigneur embrase de son zèle,
Qui venez si souvent partager mes soupirs,
Enfants, ma seule joie en mes longs déplaisirs,
Ces féstons dans vos mains, et ces fleurs sur vos têtes,
Autrefois convenoient à nos pompeuses fêtes ;
Mais, hélas ! en ce temps d'opprobre et de douleurs,
Quelle offrande sied mieux que celle de nos pleurs !
J'entends déja, j'entends la trompette sacrée,
Et du temple bientôt on permettra l'entrée.
Tandis que je me vais préparer à marcher,
Chantez, louez le Dieu que vous venez chercher.

# ACTE PREMIER.

## SCÈNE IV.

### LE CHOEUR.

TOUT LE CHOEUR *chante.*
Tout l'univers est plein de sa magnificence :
Qu'on l'adore ce Dieu, qu'on l'invoque à jamais !
Son empire a des temps précédé la naissance :
    Chantons, publions ses bienfaits.
        UNE VOIX, *seule.*
    En vain l'injuste violence
Au peuple qui le loue imposeroit silence :
    Son nom ne périra jamais.
Le jour annonce au jour sa gloire et sa puissance ;
Tout l'univers est plein de sa magnificence :
    Chantons, publions ses bienfaits.
        TOUT LE CHOEUR *répète.*
Tout l'univers est plein de sa magnificence :
    Chantons, publions ses bienfaits.
        UNE VOIX, *seule.*
    Il donne aux fleurs leur aimable peinture ;
    Il fait naître et mûrir les fruits :
    Il leur dispense avec mesure
Et la chaleur des jours et la fraîcheur des nuits ;
Le champ qui les reçut les rend avec usure.

UNE AUTRE.

Il commande au soleil d'animer la nature,
Et la lumière est un don de ses mains ;
Mais sa loi sainte, sa loi pure
Est le plus riche don qu'il ait fait aux humains.

UNE AUTRE.

O mont de Sinaï, conserve la mémoire
De ce jour à jamais auguste et renommé,
Quand, sur ton sommet enflammé,
Dans un nuage épais le Seigneur enfermé
Fit luire aux yeux mortels un rayon de sa gloire.
Dis-nous pourquoi ces feux et ces éclairs,
Ces torrents de fumée, et ce bruit dans les airs,
Ces trompettes et ce tonnerre :
Venoit-il renverser l'ordre des éléments ?
Sur ses antiques fondements
Venoit-il ébranler la terre ?

UNE AUTRE.

Il venoit révéler aux enfants des Hébreux
De ses préceptes saints la lumière immortelle ;
Il venoit à ce peuple heureux
Ordonner de l'aimer d'une amour éternelle.

TOUT LE CHOEUR.

O divine, ô charmante loi !
O justice, ô bonté suprême !
Que de raisons, quelle douceur extrême
D'engager à ce Dieu son amour et sa foi !

## ACTE PREMIER.

UNE VOIX, *seule*.

D'un joug cruel il sauva nos aïeux,
Les nourrit au désert d'un pain délicieux;
Il nous donne ses lois, il se donne lui-même :
  Pour tant de biens, il commande qu'on l'aime.

LE CHOEUR.

  O justice, ô bonté suprême !

LA MÊME VOIX.

Des mers pour eux il entr'ouvrit les eaux;
D'un aride rocher fit sortir des ruisseaux;
Il nous donne ses lois, il se donne lui-même :
  Pour tant de biens, il commande qu'on l'aime.

LE CHOEUR.

  O divine, ô charmante loi !
Que de raisons, quelle douceur extrême
D'engager à ce Dieu son amour et sa foi !

UNE AUTRE VOIX, *seule*.

Vous qui ne connoissez qu'une crainte servile,
Ingrats, un Dieu si bon ne peut-il vous charmer ?
Est-il donc à vos cœurs, est-il si difficile
  Et si pénible de l'aimer ?
  L'esclave craint le tyran qui l'outrage;
  Mais des enfants l'amour est le partage.
Vous voulez que ce Dieu vous comble de bienfaits,
  Et ne l'aimer jamais !

TOUT LE CHOEUR.

O divine, ô charmante loi !
O justice, ô bonté suprême !
Que de raisons, quelle douceur extrême
D'engager à ce Dieu son amour et sa foi !

FIN DU PREMIER ACTE.

# ACTE SECOND.

## SCÈNE I.

### JOSABETH, SALOMITH, LE CHOEUR.

JOSABETH.
Mes filles, c'est assez; suspendez vos cantiques :
Il est temps de nous joindre aux prières publiques.
Voici notre heure : allons célébrer ce grand jour,
Et devant le Seigneur paroître à notre tour.

## SCÈNE II.

### JOSABETH, ZACHARIE, SALOMITH, LE CHOEUR.

JOSABETH.
Mais que vois-je! Mon fils, quel sujet vous ramène?
Où courez-vous ainsi tout pâle et hors d'haleine?

ZACHARIE.
O ma mère !

JOSABETH.

Hé bien ! quoi ?

ZACHARIE.

Le temple est profané !

JOSABETH.

Comment ?

ZACHARIE.

Et du Seigneur l'autel abandonné.

JOSABETH.

Je tremble. Hâtez-vous d'éclaircir votre mère.

ZACHARIE.

Déja, selon la loi, le grand-prêtre mon père,
Après avoir au Dieu qui nourrit les humains
De la moisson nouvelle offert les premiers pains,
Lui présentoit encore entre ses mains sanglantes
Des victimes de paix les entrailles fumantes ;
Debout à ses côtés le jeune Éliacin
Comme moi le servoit en long habit de lin ;
Et cependant du sang de la chair immolée
Les prêtres arrosoient l'autel et l'assemblée :
Un bruit confus s'élève, et du peuple surpris
Détourne tout-à-coup les yeux et les esprits.
Une femme... Peut-on la nommer sans blasphème !
Une femme... C'étoit Athalie elle-même.

JOSABETH.

Ciel !

## ACTE II.

ZACHARIE.

Dans un des parvis, aux hommes réservé,
Cette femme superbe entre, le front levé,
Et se préparoit même à passer les limites
De l'enceinte sacrée ouverte aux seuls lévites.
Le peuple s'épouvante, et fuit de toutes parts.
Mon père... Ah! quel courroux animoit ses regards!
Moïse à Pharaon parut moins formidable :
« Reine, sors, a-t-il dit, de ce lieu redoutable,
« D'où te bannit ton sexe et ton impiété.
« Viens-tu du Dieu vivant braver la majesté? »
La reine alors, sur lui jetant un œil farouche,
Pour blasphémer sans doute ouvroit déja la bouche :
J'ignore si de Dieu l'ange se dévoilant
Est venu lui montrer un glaive étincelant;
Mais sa langue en sa bouche à l'instant s'est glacée,
Et toute son audace a paru terrassée;
Ses yeux, comme effrayés, n'osoient se détourner;
Sur-tout Éliacin paroissoit l'étonner.

JOSABETH.

Quoi donc! Éliacin a paru devant elle?

ZACHARIE.

Nous regardions tous deux cette reine cruelle,
Et d'une égale horreur nos cœurs étoient frappés.
Mais les prêtres bientôt nous ont enveloppés :
On nous a fait sortir. J'ignore tout le reste,
Et venois vous conter ce désordre funeste.

## JOSABETH.

Ah! de nos bras sans doute elle vient l'arracher;
Et c'est lui qu'à l'autel sa fureur vient chercher.
Peut-être en ce moment l'objet de tant de larmes...
Souviens-toi de David, Dieu, qui vois mes alarmes!

## SALOMITH.

Quel est-il, cet objet des pleurs que vous versez?

## ZACHARIE.

Les jours d'Éliacin seroient-ils menacés?

## SALOMITH.

Auroit-il de la reine attiré la colère?

## ZACHARIE.

Que craint-on d'un enfant sans support et sans père?

## JOSABETH.

Ah! la voici. Sortons : il la faut éviter.

# SCÈNE III.

ATHALIE, ABNER, AGAR, SUITE D'ATHALIE.

## AGAR.

Madame, dans ces lieux pourquoi vous arrêter?
Ici tous les objets vous blessent, vous irritent.
Abandonnez ce temple aux prêtres qui l'habitent;
Fuyez tout ce tumulte, et dans votre palais
A vos sens agités venez rendre la paix.

ACTE II.

ATHALIE.

Non, je ne puis : tu vois mon trouble et ma foiblesse.
Va, fais dire à Mathan qu'il vienne, qu'il se presse;
Heureuse si je puis trouver par son secours
Cette paix que je cherche, et qui me fuit toujours !
(*Elle s'assied.*)

## SCÈNE IV.

ATHALIE, ABNER, SUITE D'ATHALIE.

ABNER.

Madame, pardonnez si j'ose le défendre :
Le zèle de Joad n'a point dû vous surprendre.
Du Dieu que nous servons tel est l'ordre éternel :
Lui-même il nous traça son temple et son autel,
Aux seuls enfants d'Aaron commit ses sacrifices,
Aux lévites marqua leur place et leurs offices,
Et sur-tout défendit à leur postérité
Avec tout autre dieu toute société.
Hé quoi ! vous de nos rois et la fille et la mère,
Êtes-vous à ce point parmi nous étrangère ?
Ignorez-vous nos lois ? Et faut-il qu'aujourd'hui...
Voici votre Mathan : je vous laisse avec lui.

ATHALIE.

Votre présence, Abner, est ici nécessaire.
Laissons là de Joad l'audace téméraire,

Et tout ce vain amas de superstitions
Qui ferment votre temple aux autres nations :
Un sujet plus pressant excite mes alarmes.
Je sais que, dès l'enfance élevé dans les armes,
Abner a le cœur noble, et qu'il rend à-la-fois
Ce qu'il doit à son Dieu, ce qu'il doit à ses rois.
Demeurez.

## SCÈNE V.

ATHALIE, ABNER, MATHAN, SUITE D'ATHALIE.

MATHAN.

Grande reine, est-ce ici votre place ?
Quel trouble vous agite, et quel effroi vous glace ?
Parmi vos ennemis que venez-vous chercher ?
De ce temple profane osez-vous approcher ?
Avez-vous dépouillé cette haine si vive...

ATHALIE.

Prêtez-moi l'un et l'autre une oreille attentive.
Je ne veux point ici rappeler le passé,
Ni vous rendre raison du sang que j'ai versé :
Ce que j'ai fait, Abner, j'ai cru le devoir faire.
Je ne prends point pour juge un peuple téméraire :
Quoi que son insolence ait osé publier,
Le ciel même a pris soin de me justifier.
Sur d'éclatants succès ma puissance établie

## ACTE II.

A fait jusqu'aux deux mers respecter Athalie;
Par moi Jérusalem goûte un calme profond;
Le Jourdain ne voit plus l'Arabe vagabond,
Ni l'altier Philistin, par d'éternels ravages,
Comme au temps de vos rois, désoler ses rivages;
Le Syrien me traite et de reine et de sœur;
Enfin de ma maison le perfide oppresseur,
Qui devoit jusqu'à moi pousser sa barbarie,
Jéhu, le fier Jéhu, tremble dans Samarie;
De toutes parts pressé par un puissant voisin,
Que j'ai su soulever contre cet assassin,
Il me laisse en ces lieux souveraine maîtresse.
Je jouissois en paix du fruit de ma sagesse;
Mais un trouble importun vient, depuis quelques jours,
De mes prospérités interrompre le cours.
Un songe (me devrois-je inquiéter d'un songe!)
Entretient dans mon cœur un chagrin qui le ronge:
Je l'évite par-tout, par-tout il me poursuit.

C'étoit pendant l'horreur d'une profonde nuit;
Ma mère Jézabel devant moi s'est montrée,
Comme au jour de sa mort, pompeusement parée;
Ses malheurs n'avoient point abattu sa fierté;
Même elle avoit encor cet éclat emprunté
Dont elle eut soin de peindre et d'orner son visage,
Pour réparer des ans l'irréparable outrage:
« Tremble, m'a-t-elle dit, fille digne de moi;
« Le cruel Dieu des Juifs l'emporte aussi sur toi.

« Je te plains de tomber dans ses mains redoutables,
« Ma fille. » En achevant ces mots épouvantables,
Son ombre vers mon lit a paru se baisser ;
Et moi, je lui tendois les mains pour l'embrasser ;
Mais je n'ai plus trouvé qu'un horrible mélange
D'os et de chair meurtris, et traînés dans la fange,
Des lambeaux pleins de sang, et des membres affreux
Que des chiens dévorants se disputoient entre eux.

ABNER.

Grand Dieu !

ATHALIE.

Dans ce désordre à mes yeux se présente
Un jeune enfant couvert d'une robe éclatante,
Tels qu'on voit des Hébreux les prêtres revêtus.
Sa vue a ranimé mes esprits abattus ;
Mais lorsque, revenant de mon trouble funeste,
J'admirois sa douceur, son air noble et modeste,
J'ai senti tout-à-coup un homicide acier
Que le traître en mon sein a plongé tout entier.
De tant d'objets divers le bizarre assemblage
Peut-être du hasard vous paroît un ouvrage :
Moi-même quelque temps, honteuse de ma peur,
Je l'ai pris pour l'effet d'une sombre vapeur.
Mais de ce souvenir mon ame possédée
A deux fois en dormant revu la même idée ;
Deux fois mes tristes yeux se sont vu retracer
Ce même enfant toujours tout prêt à me percer.

Lasse enfin des horreurs dont j'étois poursuivie,
J'allois prier Baal de veiller sur ma vie,
Et chercher du repos au pied de ses autels :
Que ne peut la frayeur sur l'esprit des mortels !
Dans le temple des Juifs un instinct m'a poussée,
Et d'apaiser leur Dieu j'ai conçu la pensée ;
J'ai cru que des présents calmeroient son courroux,
Que ce Dieu, quel qu'il soit, en deviendroit plus doux.
Pontife de Baal, excusez ma foiblesse.
J'entre : le peuple fuit, le sacrifice cesse,
Le grand-prêtre vers moi s'avance avec fureur :
Pendant qu'il me parloit, ô surprise ! ô terreur !
J'ai vu ce même enfant dont je suis menacée,
Tel qu'un songe effrayant l'a peint à ma pensée.
Je l'ai vu : son même air, son même habit de lin,
Sa démarche, ses yeux, et tous ses traits enfin ;
C'est lui-même. Il marchoit à côté du grand-prêtre ;
Mais bientôt à ma vue on l'a fait disparoître.
Voilà quel trouble ici m'oblige à m'arrêter,
Et sur quoi j'ai voulu tous deux vous consulter.
Que présage, Mathan, ce prodige incroyable ?

MATHAN.

Ce songe et ce rapport, tout me semble effroyable...

ATHALIE.

Mais cet enfant fatal, Abner, vous l'avez vu :
Quel est-il ? de quel sang, et de quelle tribu ?

ABNER.

Deux enfants à l'autel prêtoient leur ministère :
L'un est fils de Joad, Josabeth est sa mère ;
L'autre m'est inconnu.

MATHAN.

Pourquoi délibérer ?
De tous les deux, madame, il se faut assurer.
Vous savez pour Joad mes égards, mes mesures ;
Que je ne cherche point à venger mes injures ;
Que la seule équité règne en tous mes avis ;
Mais lui-même, après tout, fût-ce son propre fils,
Voudroit-il un moment laisser vivre un coupable ?

ABNER.

De quel crime un enfant peut-il être capable ?

MATHAN.

Le ciel nous le fait voir un poignard à la main :
Le ciel est juste et sage, et ne fait rien en vain.
Que cherchez-vous de plus ?

ABNER.

Mais, sur la foi d'un songe,
Dans le sang d'un enfant voulez-vous qu'on se plonge ?
Vous ne savez encor de quel père il est né,
Quel il est.

MATHAN.

On le craint : tout est examiné.
A d'illustres parents s'il doit son origine,

La splendeur de son sort doit hâter sa ruine;
Dans le vulgaire obscur si le sort l'a placé,
Qu'importe qu'au hasard un sang vil soit versé?
Est-ce aux rois à garder cette lente justice?
Leur sûreté souvent dépend d'un prompt supplice.
N'allons point les gêner d'un soin embarrassant:
Dès qu'on leur est suspect, on n'est plus innocent.

ABNER.

Hé quoi, Mathan! d'un prêtre est-ce là le langage?
Moi, nourri dans la guerre aux horreurs du carnage,
Des vengeances des rois ministre rigoureux,
C'est moi qui prête ici ma voix au malheureux!
Et vous, qui lui devez des entrailles de père,
Vous, ministre de paix dans les temps de colère,
Couvrant d'un zèle faux votre ressentiment,
Le sang à votre gré coule trop lentement!
Vous m'avez commandé de vous parler sans feinte,
Madame: quel est donc ce grand sujet de crainte?
Un songe, un foible enfant que votre œil prévenu
Peut-être sans raison croit avoir reconnu.

ATHALIE.

Je le veux croire, Abner; je puis m'être trompée:
Peut-être un songe vain m'a trop préoccupée.
Hé bien! il faut revoir cet enfant de plus près;
Il en faut à loisir examiner les traits.
Qu'on les fasse tous deux paroître en ma présence.

ABNER.

Je crains...

ATHALIE.

Manqueroit-on pour moi de complaisance ?
De ce refus bizarre où seroient les raisons ?
Il pourroit me jeter en d'étranges soupçons.
Que Josabeth, vous dis-je, ou Joad les amène.
Je puis, quand je voudrai, parler en souveraine.
Vos prêtres, je veux bien, Abner, vous l'avouer,
Des bontés d'Athalie ont lieu de se louer.
Je sais sur ma conduite et contre ma puissance
Jusqu'où de leurs discours ils portent la licence :
Ils vivent cependant, et leur temple est debout.
Mais je sens que bientôt ma douceur est à bout.
Que Joad mette un frein à son zèle sauvage,
Et ne m'irrite point par un second outrage.
Allez.

## SCÈNE VI.

ATHALIE, MATHAN, SUITE D'ATHALIE.

MATHAN.

Enfin je puis parler en liberté ;
Je puis dans tout son jour mettre la vérité.
Quelque monstre naissant dans ce temple s'élève,
Reine : n'attendez pas que le nuage crève.

Abner chez le grand-prêtre a devancé le jour :
Pour le sang de ses rois vous savez son amour.
Et qui sait si Joad ne veut point en leur place
Substituer l'enfant dont le ciel vous menace,
Soit son fils, soit quelque autre...

ATHALIE.

Oui, vous m'ouvrez les yeux :
Je commence à voir clair dans cet avis des cieux.
Mais je veux de mon doute être débarrassée :
Un enfant est peu propre à trahir sa pensée ;
Souvent d'un grand dessein un mot nous fait juger.
Laissez-moi, cher Mathan, le voir, l'interroger.
Vous cependant, allez ; et, sans jeter d'alarmes,
A tous mes Tyriens faites prendre les armes.

## SCÈNE VII.

JOAS, ATHALIE, JOSABETH, ZACHARIE, SALOMITH, ABNER, DEUX LÉVITES, LE CHOEUR, SUITE D'ATHALIE.

JOSABETH, *aux deux lévites*.
O vous ! sur ces enfants si chers, si précieux,
Ministres du Seigneur, ayez toujours les yeux.

ABNER, *à Josabeth*.
Princesse, assurez-vous, je les prends sous ma garde.

ATHALIE.

O ciel! plus j'examine, et plus je le regarde...
C'est lui! D'horreur encor tous mes sens sont saisis.

(*montrant Joas.*)

Épouse de Joad, est-ce là votre fils?

JOSABETH.

Qui? lui, madame?

ATHALIE.

Lui.

JOSABETH.

Je ne suis point sa mère.

(*montrant Zacharie.*)

Voilà mon fils.

ATHALIE, *à Joas.*

Et vous, quel est donc votre père?
Jeune enfant, répondez.

JOSABETH.

Le ciel jusque aujourd'hui...

ATHALIE.

Pourquoi vous pressez-vous de répondre pour lui?
C'est à lui de parler.

JOSABETH.

Dans un âge si tendre
Quel éclaircissement en pouvez-vous attendre?

ATHALIE.

Cet âge est innocent : son ingénuité
N'altère point encor la simple vérité.

## ACTE II.

Laissez-le s'expliquer sur tout ce qui le touche.
### JOSABETH, *à part.*
Daigne mettre, grand Dieu, ta sagesse en sa bouche!
### ATHALIE.
Comment vous nommez-vous?
### JOAS.
J'ai nom Éliacin.
### ATHALIE.
Votre père?
### JOAS.
Je suis, dit-on, un orphelin
Entre les bras de Dieu jeté dès ma naissance,
Et qui de mes parents n'eus jamais connoissance.
### ATHALIE.
Vous êtes sans parents?
### JOAS.
Ils m'ont abandonné.
### ATHALIE.
Comment? et depuis quand?
### JOAS.
Depuis que je suis né.
### ATHALIE.
Ne sait-on pas au moins quel pays est le vôtre?
### JOAS.
Ce temple est mon pays; je n'en connois point d'autre.
### ATHALIE.
Où dit-on que le sort vous a fait rencontrer?

JOAS.

Parmi des loups cruels prêts à me dévorer.

ATHALIE.

Qui vous mit dans ce temple?

JOAS.

Une femme inconnue,
Qui ne dit point son nom, et qu'on n'a point revue.

ATHALIE.

Mais de vos premiers ans quelles mains ont pris soin?

JOAS.

Dieu laissa-t-il jamais ses enfants au besoin?
Aux petits des oiseaux il donne leur pâture,
Et sa bonté s'étend sur toute la nature.
Tous les jours je l'invoque; et d'un soin paternel
Il me nourrit des dons offerts sur son autel.

ATHALIE.

Quel prodige nouveau me trouble et m'embarrasse!
La douceur de sa voix, son enfance, sa grace,
Font insensiblement à mon inimitié
Succéder... Je serois sensible à la pitié!

ABNER.

Madame, voilà donc cet ennemi terrible?
De vos songes menteurs l'imposture est visible,
A moins que la pitié qui semble vous troubler
Ne soit ce coup fatal qui vous faisoit trembler.

ATHALIE, *à Joas et à Josabeth.*

Vous sortez?

## ACTE II.

JOSABETH.

Vous avez entendu sa fortune :
Sa présence à la fin pourroit être importune.

ATHALIE.

(à Joas.)

Non : revenez. Quel est tous les jours votre emploi?

JOAS.

J'adore le Seigneur; on m'explique sa loi;
Dans son livre divin on m'apprend à la lire;
Et déja de ma main je commence à l'écrire.

ATHALIE.

Que vous dit cette loi ?

JOAS.

Que Dieu veut être aimé ;
Qu'il venge tôt ou tard son saint nom blasphémé ;
Qu'il est le défenseur de l'orphelin timide ;
Qu'il résiste au superbe, et punit l'homicide.

ATHALIE.

J'entends. Mais tout ce peuple enfermé dans ce lieu,
A quoi s'occupe-t-il ?

JOAS.

Il loue, il bénit Dieu.

ATHALIE.

Dieu veut-il qu'à toute heure on prie, on le contemple?

JOAS.

Tout profane exercice est banni de son temple.

ATHALIE.
Quels sont donc vos plaisirs?
JOAS.
Quelquefois à l'autel
Je présente au grand-prêtre ou l'encens ou le sel;
J'entends chanter de Dieu les grandeurs infinies;
Je vois l'ordre pompeux de ses cérémonies.
ATHALIE.
Hé quoi! vous n'avez point de passe-temps plus doux?
Je plains le triste sort d'un enfant tel que vous.
Venez dans mon palais, vous y verrez ma gloire.
JOAS.
Moi! des bienfaits de Dieu je perdrois la mémoire!
ATHALIE.
Non, je ne vous veux pas contraindre à l'oublier.
JOAS.
Vous ne le priez point.
ATHALIE.
Vous pourrez le prier.
JOAS.
Je verrois cependant en invoquer un autre.
ATHALIE.
J'ai mon Dieu que je sers; vous servirez le vôtre:
Ce sont deux puissants dieux.
JOAS.
Il faut craindre le mien:
Lui seul est Dieu, madame; et le vôtre n'est rien.

ATHALIE.
Les plaisirs près de moi vous chercheront en foule.
JOAS.
Le bonheur des méchants comme un torrent s'écoule.
ATHALIE.
Ces méchants, qui sont-ils?
JOSABETH.
Hé, madame! excusez
Un enfant...
ATHALIE, *à Josabeth.*
J'aime à voir comme vous l'instruisez.
Enfin, Éliacin, vous avez su me plaire;
Vous n'êtes point sans doute un enfant ordinaire.
Vous voyez, je suis reine, et n'ai point d'héritier:
Laissez là cet habit, quittez ce vil métier;
Je veux vous faire part de toutes mes richesses;
Essayez dès ce jour l'effet de mes promesses.
A ma table, par-tout, à mes côtés assis,
Je prétends vous traiter comme mon propre fils.
JOAS.
Comme votre fils!
ATHALIE.
Oui... Vous vous taisez?
JOAS.
Quel père
Je quitterois! Et pour...

ATHALIE.

Hé bien ?

JOAS.

Pour quelle mère !

ATHALIE, *à Josabeth.*

Sa mémoire est fidèle ; et, dans tout ce qu'il dit,
De vous et de Joad je reconnois l'esprit.
Voilà comme, infectant cette simple jeunesse,
Vous employez tous deux le calme où je vous laisse.
Vous cultivez déja leur haine et leur fureur ;
Vous ne leur prononcez mon nom qu'avec horreur.

JOSABETH.

Peut-on de nos malheurs leur dérober l'histoire ?
Tout l'univers les sait ; vous-même en faites gloire.

ATHALIE.

Oui, ma juste fureur, et j'en fais vanité,
A vengé mes parents sur ma postérité.
J'aurois vu massacrer et mon père et mon frère,
Du haut de son palais précipiter ma mère,
Et dans un même jour égorger à-la-fois
(Quel spectacle d'horreur !) quatre-vingts fils de rois :
Et pourquoi ? pour venger je ne sais quels prophètes
Dont elle avoit puni les fureurs indiscrètes :
Et moi, reine sans cœur, fille sans amitié,
Esclave d'une lâche et frivole pitié,
Je n'aurois pas du moins à cette aveugle rage
Rendu meurtre pour meurtre, outrage pour outrage,

## ACTE II.

Et de votre David traité tous les neveux
Comme on traitoit d'Achab les restes malheureux !
Où serois-je aujourd'hui si, domptant ma foiblesse,
Je n'eusse d'une mère étouffé la tendresse ;
Si de mon propre sang ma main versant des flots
N'eût par ce coup hardi réprimé vos complots ?
Enfin de votre Dieu l'implacable vengeance
Entre nos deux maisons rompit toute alliance :
David m'est en horreur ; et les fils de ce roi,
Quoique nés de mon sang, sont étrangers pour moi.

JOSABETH.

Tout vous a réussi. Que Dieu voie, et nous juge.

ATHALIE.

Ce Dieu, depuis long-temps votre unique refuge,
Que deviendra l'effet de ses prédictions ?
Qu'il vous donne ce roi promis aux nations,
Cet enfant de David, votre espoir, votre attente...
Mais nous nous reverrons. Adieu. Je sors contente :
J'ai voulu voir ; j'ai vu.

ABNER, *à Josabeth*.

      Je vous l'avois promis :
Je vous rends le dépôt que vous m'avez commis.

## SCÈNE VIII.

JOAS, JOAD, JOSABETH, ZACHARIE, SALOMITH, ABNER, lévitès, le chœur.

JOSABETH, *à Joad.*

Avez-vous entendu cette superbe reine,
Seigneur?

JOAD.

J'entendois tout, et plaignois votre peine.
Ces lévites et moi, prêts à vous secourir,
Nous étions avec vous résolus de périr.
(*à Joas, en l'embrassant.*)
Que Dieu veille sur vous, enfant dont le courage
Vient de rendre à son nom ce noble témoignage.
Je reconnois, Abner, ce service important :
Souvenez-vous de l'heure où Joad vous attend.
Et nous, dont cette femme impie et meurtrière
A souillé les regards et troublé la prière,
Rentrons; et qu'un sang pur, par mes mains épanché,
Lave jusques au marbre où ses pas ont touché.

## SCÈNE IX.

### LE CHOEUR.

UNE DES FILLES DU CHOEUR.

Quel astre à nos yeux vient de luire ?
Quel sera quelque jour cet enfant merveilleux ?
 Il brave le faste orgueilleux,
 Et ne se laisse point séduire
 A tous ses attraits périlleux.

UNE AUTRE.

Pendant que du dieu d'Athalie
Chacun court encenser l'autel,
Un enfant courageux publie
Que Dieu lui seul est éternel,
Et parle comme un autre Élie
Devant cette autre Jézabel.

UNE AUTRE.

Qui nous révélera ta naissance secrète,
Cher enfant ? Es-tu fils de quelque saint prophète ?

UNE AUTRE.

Ainsi l'on vit l'aimable Samuel
 Croître à l'ombre du tabernacle :
Il devint des Hébreux l'espérance et l'oracle.
Puisses-tu, comme lui, consoler Israël !

UNE AUTRE.

O bienheureux mille fois
L'enfant que le Seigneur aime,
Qui de bonne heure entend sa voix,
Et que ce Dieu daigne instruire lui-même !
Loin du monde élevé, de tous les dons des cieux
Il est orné dès son enfance ;
Et du méchant l'abord contagieux
N'altère point son innocence.

TOUT LE CHOEUR.

Heureuse, heureuse l'enfance
Que le Seigneur instruit et prend sous sa défense !

LA MÊME VOIX, *seule*.

Tel en un secret vallon,
Sur le bord d'une onde pure,
Croît à l'abri de l'aquilon,
Un jeune lis, l'amour de la nature.
Loin du monde élevé, de tous les dons des cieux
Il est orné dès sa naissance ;
Et du méchant l'abord contagieux
N'altère point son innocence.

TOUT LE CHOEUR.

Heureux, heureux mille fois
L'enfant que le Seigneur rend docile à ses lois !

UNE VOIX, *seule*.

Mon Dieu, qu'une vertu naissante
Parmi tant de périls marche à pas incertains !

Qu'une ame qui te cherche et veut être innocente
    Trouve d'obstacle à ses desseins!
    Que d'ennemis lui font la guerre!
    Où se peuvent cacher tes saints?
    Les pécheurs couvrent la terre.

UNE AUTRE.

O palais de David, et sa chère cité,
Mont fameux, que Dieu même a long-temps habité,
Comment as-tu du ciel attiré la colère?
Sion, chère Sion, que dis-tu quand tu vois
    Une impie étrangère
  Assise, hélas! au trône de tes rois?

TOUT LE CHOEUR.

Sion, chère Sion, que dis-tu quand tu vois
    Une impie étrangère
  Assise, hélas! au trône de tes rois?

LA MÊME VOIX *continue*.

  Au lieu des cantiques charmants
Où David t'exprimoit ses saints ravissements,
Et bénissoit son Dieu, son seigneur, et son père;
Sion, chère Sion, que dis-tu quand tu vois
  Louer le dieu de l'impie étrangère,
Et blasphémer le nom qu'ont adoré tes rois?

UNE VOIX, *seule*.

Combien de temps, Seigneur, combien de temps encore
Verrons-nous contre toi les méchants s'élever?
Jusque dans ton saint temple ils viennent te braver:

Ils traitent d'insensé le peuple qui t'adore.
Combien de temps, Seigneur, combien de temps encore
Verrons-nous contre toi les méchants s'élever?

### UNE AUTRE.

Que vous sert, disent-ils, cette vertu sauvage?
  De tant de plaisirs si doux
  Pourquoi fuyez-vous l'usage?
 Votre Dieu ne fait rien pour vous.

### UNE AUTRE.

Rions, chantons, dit cette troupe impie;
De fleurs en fleurs, de plaisirs en plaisirs,
  Promenons nos desirs.
Sur l'avenir insensé qui se fie.
De nos ans passagers le nombre est incertain :
Hâtons-nous aujourd'hui de jouir de la vie;
  Qui sait si nous serons demain?

### TOUT LE CHOEUR.

Qu'ils pleurent, ô mon Dieu! qu'ils frémissent de crainte,
 Ces malheureux, qui de ta cité sainte
Ne verront point l'éternelle splendeur.
C'est à nous de chanter, nous à qui tu révèles
  Tes clartés immortelles :
C'est à nous de chanter tes dons et ta grandeur.

### UNE VOIX, *seule.*

De tous ces vains plaisirs où leur ame se plonge,
Que leur restera-t-il? Ce qui reste d'un songe
  Dont on a reconnu l'erreur.

## ACTE II.

A leur réveil (ô réveil plein d'horreur!)
   Pendant que le pauvre à ta table
Goûtera de ta paix la douceur ineffable,
Ils boiront dans la coupe affreuse, inépuisable,
Que tu présenteras au jour de ta fureur
   A toute la race coupable.

      TOUT LE CHOEUR.
   O réveil plein d'horreur!
   O songe peu durable!
   O dangereuse erreur!

FIN DU SECOND ACTE.

# ACTE TROISIÈME.

## SCÈNE I.

MATHAN, NABAL, LE CHOEUR.

MATHAN.
Jeunes filles, allez : qu'on dise à Josabeth
Que Mathan veut ici lui parler en secret.
UNE DES FILLES DU CHOEUR.
Mathan ! O Dieu du ciel, puisses-tu le confondre !
NABAL.
Hé quoi ! tout se disperse, et fuit sans vous répondre !
MATHAN.
Approchons.

## SCÈNE II.

ZACHARIE, MATHAN, NABAL.

ZACHARIE.
Téméraire, où voulez-vous passer ?
Au-delà de ce lieu gardez-vous d'avancer :
C'est des ministres saints la demeure sacrée ;

Les lois à tout profane en défendent l'entrée.
Qui cherchez-vous? Mon père, en ce jour solennel,
De l'idolâtre impur fuit l'aspect criminel ;
Et devant le Seigneur maintenant prosternée
Ma mère en ce devoir craint d'être détournée.

MATHAN.

Mon fils, nous attendrons; cessez de vous troubler.
C'est votre illustre mère à qui je veux parler :
Je viens ici chargé d'un ordre de la reine.

## SCÈNE III.

### MATHAN, NABAL.

NABAL.

Leurs enfants ont déja leur audace hautaine.
Mais que veut Athalie en cette occasion ?
D'où naît dans ses conseils cette confusion ?
Par l'insolent Joad ce matin offensée,
Et d'un enfant fatal en songe menacée,
Elle alloit immoler Joad à son courroux,
Et dans ce temple enfin placer Baal et vous.
Vous m'en aviez déja confié votre joie ;
Et j'espérois ma part d'une si riche proie.
Qui fait changer ainsi ses vœux irrésolus ?

MATHAN.

Ami, depuis deux jours je ne la connois plus.

Ce n'est plus cette reine éclairée, intrépide,
Élevée au-dessus de son sexe timide,
Qui d'abord accabloit ses ennemis surpris,
Et d'un instant perdu connoissoit tout le prix :
La peur d'un vain remords trouble cette grande ame;
Elle flotte, elle hésite; en un mot, elle est femme.
J'avois tantôt rempli d'amertume et de fiel
Son cœur déja saisi des menaces du ciel;
Elle-même, à mes soins confiant sa vengeance,
M'avoit dit d'assembler sa garde en diligence;
Mais, soit que cet enfant devant elle amené,
De ses parents, dit-on, rebut infortuné,
Eût d'un songe effrayant diminué l'alarme,
Soit qu'elle eût même en lui vu je ne sais quel charme,
J'ai trouvé son courroux chancelant, incertain,
Et déja remettant sa vengeance à demain.
Tous ses projets sembloient l'un l'autre se détruire.
« Du sort de cet enfant je me suis fait instruire,
« Ai-je dit : on commence à vanter ses aïeux;
« Joad de temps en temps le montre aux factieux,
« Le fait attendre aux Juifs comme un autre Moïse,
« Et d'oracles menteurs s'appuie et s'autorise. »
Ces mots ont fait monter la rougeur sur son front.
Jamais mensonge heureux n'eut un effet si prompt.
« Est-ce à moi de languir dans cette incertitude?
« Sortons, a-t-elle dit, sortons d'inquiétude.
« Vous-même à Josabeth prononcez cet arrêt :

« Les feux vont s'allumer, et le fer est tout prêt :
« Rien ne peut de leur temple empêcher le ravage,
« Si je n'ai de leur foi cet enfant pour otage. »

NABAL.

Hé bien ! pour un enfant qu'ils ne connoissent pas,
Que le hasard peut-être a jeté dans leurs bras,
Voudront-ils que leur temple enseveli sous l'herbe...

MATHAN.

Eh ! de tous les mortels connois le plus superbe.
Plutôt que dans mes mains par Joad soit livré
Un enfant qu'à son Dieu Joad a consacré,
Tu lui verras subir la mort la plus terrible.
D'ailleurs pour cet enfant leur attache est visible.
Si j'ai bien de la reine entendu le récit,
Joad sur sa naissance en sait plus qu'il ne dit.
Quel qu'il soit, je prévois qu'il leur sera funeste ;
Ils le refuseront : je prends sur moi le reste ;
Et j'espère qu'enfin de ce temple odieux
Et la flamme et le fer vont délivrer mes yeux.

NABAL.

Qui peut vous inspirer une haine si forte ?
Est-ce que de Baal le zèle vous transporte ?
Pour moi, vous le savez, descendu d'Ismaël,
Je ne sers ni Baal, ni le dieu d'Israël.

MATHAN.

Ami, peux-tu penser que d'un zèle frivole
Je me laisse aveugler pour une vaine idole,

Pour un fragile bois, que malgré mon secours
Les vers sur son autel consument tous les jours?
Né ministre du Dieu qu'en ce temple on adore,
Peut-être que Mathan le serviroit encore,
Si l'amour des grandeurs, la soif de commander,
Avec son joug étroit pouvoient s'accommoder.

Qu'est-il besoin, Nabal, qu'à tes yeux je rappelle
De Joad et de moi la fameuse querelle,
Quand j'osai contre lui disputer l'encensoir,
Mes brigues, mes combats, mes pleurs, mon désespoir?
Vaincu par lui, j'entrai dans une autre carrière,
Et mon ame à la cour s'attacha toute entière.
J'approchai par degrés de l'oreille des rois,
Et bientôt en oracle on érigea ma voix.
J'étudiai leur cœur, je flattai leurs caprices;
Je leur semai de fleurs le bord des précipices;
Près de leurs passions rien ne me fut sacré;
De mesure et de poids je changeois à leur gré.
Autant que de Joad l'inflexible rudesse
De leur superbe oreille offensoit la mollesse,
Autant je les charmois par ma dextérité:
Dérobant à leurs yeux la triste vérité,
Prêtant à leurs fureurs des couleurs favorables,
Et prodigue sur-tout du sang des misérables.

Enfin, au dieu nouveau qu'elle avoit introduit,
Par les mains d'Athalie un temple fut construit.
Jérusalem pleura de se voir profanée;

Des enfants de Lévi la troupe consternée
En poussa vers le ciel des hurlements affreux.
Moi seul, donnant l'exemple aux timides Hébreux,
Déserteur de leur loi, j'approuvai l'entreprise,
Et par-là de Baal méritai la prêtrise ;
Par-là je me rendis terrible à mon rival,
Je ceignis la tiare, et marchai son égal.
Toutefois, je l'avoue, en ce comble de gloire,
Du Dieu que j'ai quitté l'importune mémoire
Jette encore en mon ame un reste de terreur :
Et c'est ce qui redouble et nourrit ma fureur.
Heureux si, sur son temple achevant ma vengeance,
Je puis convaincre enfin sa haine d'impuissance,
Et parmi le débris, le ravage et les morts,
A force d'attentats perdre tous mes remords !
Mais voici Josabeth.

## SCÈNE IV.

### JOSABETH, MATHAN, NABAL.

MATHAN.
Envoyé par la reine,
Pour rétablir le calme et dissiper la haine,
Princesse, en qui le ciel mit un esprit si doux,
Ne vous étonnez pas si je m'adresse à vous.
Un bruit, que j'ai pourtant soupçonné de mensonge,

Appuyant les avis qu'elle a reçus en songe,
Sur Joad, accusé de dangereux complots,
Alloit de sa colère attirer tous les flots.
Je ne veux point ici vous vanter mes services :
De Joad contre moi je sais les injustices ;
Mais il faut à l'offense opposer les bienfaits.
Enfin, je viens chargé de paroles de paix.
Vivez, solennisez vos fêtes sans ombrage.
De votre obéissance elle ne veut qu'un gage :
C'est, pour l'en détourner j'ai fait ce que j'ai pu,
Cet enfant sans parents, qu'elle dit qu'elle a vu.

JOSABETH.

Éliacin ?

MATHAN.
  J'en ai pour elle quelque honte :
D'un vain songe peut-être elle fait trop de compte.
Mais vous vous déclarez ses mortels ennemis,
Si cet enfant sur l'heure en mes mains n'est remis.
La reine impatiente attend votre réponse.

JOSABETH.

Et voilà de sa part la paix qu'on nous annonce !

MATHAN.

Pourriez-vous un moment douter de l'accepter ?
D'un peu de complaisance est-ce trop l'acheter ?

JOSABETH.

J'admirois si Mathan, dépouillant l'artifice,
Avoit pu de son cœur surmonter l'injustice,

Et si de tant de maux le funeste inventeur
De quelque ombre de bien pouvoit être l'auteur.
#### MATHAN.
De quoi vous plaignez-vous? Vient-on avec furie
Arracher de vos bras votre fils Zacharie?
Quel est cet autre enfant si cher à votre amour?
Ce grand attachement me surprend à mon tour.
Est-ce un trésor pour vous si précieux, si rare?
Est-ce un libérateur que le ciel vous prépare?
Songez-y : vos refus pourroient me confirmer
Un bruit sourd que déja l'on commence à semer.
#### JOSABETH.
Quel bruit?
#### MATHAN.
Que cet enfant vient d'illustre origine;
Qu'à quelque grand projet votre époux le destine.
#### JOSABETH.
Et Mathan, par ce bruit qui flatte sa fureur...
#### MATHAN.
Princesse, c'est à vous à me tirer d'erreur.
Je sais que, du mensonge implacable ennemie,
Josabeth livreroit même sa propre vie,
S'il falloit que sa vie à sa sincérité
Coûtât le moindre mot contre la vérité.
Du sort de cet enfant on n'a donc nulle trace?
Une profonde nuit enveloppe sa race?
Et vous-même ignorez de quels parents issu,

De quelles mains Joad en ses bras l'a reçu?
Parlez; je vous écoute, et suis prêt à vous croire :
Au Dieu que vous servez, princesse, rendez gloire.

JOSABETH.

Méchant, c'est bien à vous d'oser ainsi nommer
Un Dieu que votre bouche enseigne à blasphémer!
Sa vérité par vous peut-elle être attestée,
Vous, malheureux, assis dans la chaire empestée
Où le mensonge règne et répand son poison ;
Vous, nourri dans la fourbe et dans la trahison?

## SCÈNE V.

### JOAD, JOSABETH, MATHAN, NABAL.

JOAD.

Où suis-je? De Baal ne vois-je pas le prêtre?
Quoi! fille de David, vous parlez à ce traître!
Vous souffrez qu'il vous parle! Et vous ne craignez pas
Que du fond de l'abyme entr'ouvert sous ses pas
Il ne sorte à l'instant des feux qui vous embrasent,
Ou qu'en tombant sur lui ces murs ne vous écrasent?
Que veut-il? De quel front cet ennemi de Dieu
Vient-il infecter l'air qu'on respire en ce lieu?

MATHAN.

On reconnoît Joad à cette violence.
Toutefois il devroit montrer plus de prudence,

Respecter une reine, et ne pas outrager
Celui que de son ordre elle a daigné charger.
### JOAD.
Hé bien! que nous fait-elle annoncer de sinistre?
Quel sera l'ordre affreux qu'apporte un tel ministre?
### MATHAN.
J'ai fait à Josabeth savoir sa volonté.
### JOAD.
Sors donc de devant moi, monstre d'impiété.
De toutes tes horreurs, va, comble la mesure.
Dieu s'apprête à te joindre à la race parjure,
Abiron et Dathan, Doëg, Achitophel:
Les chiens, à qui son bras a livré Jézabel,
Attendant que sur toi sa fureur se déploie,
Déja sont à ta porte, et demandent leur proie.
### MATHAN. (*Il se trouble.*)
Avant la fin du jour... on verra qui de nous...
Doit... Mais sortons, Nabal.
### NABAL.
                       Où vous égarez-vous?
De vos sens étonnés quel désordre s'empare?
Voilà votre chemin.

## SCÈNE VI.

### JOAD, JOSABETH.

JOSABETH.
  L'orage se déclare :
Athalie en fureur demande Éliacin.
Déja de sa naissance et de votre dessein
On commence, seigneur, à percer le mystère :
Peu s'en faut que Mathan ne m'ait nommé son père.

JOAD.
Au perfide Mathan qui l'auroit révélé?
Votre trouble à Mathan n'a-t-il point trop parlé?

JOSABETH.
J'ai fait ce que j'ai pu pour m'en rendre maîtresse.
Cependant, croyez-moi, seigneur, le péril presse.
Réservons cet enfant pour un temps plus heureux.
Tandis que les méchants délibèrent entre eux,
Avant qu'on l'environne, avant qu'on nous l'arrache,
Une seconde fois souffrez que je le cache :
Les portes, les chemins lui sont encore ouverts.
Faut-il le transporter aux plus affreux déserts?
Je suis prête : je sais une secréte issue
Par où, sans qu'on le voie, et sans être aperçue,
De Cédron avec lui traversant le torrent,
J'irai dans le désert où jadis en pleurant,

## ACTE III.

Et cherchant comme nous son salut dans la fuite,
David d'un fils rebelle évita la poursuite.
Je craindrai moins pour lui les lions et les ours...
Mais pourquoi de Jéhu refuser le secours ?
Je vous ouvre peut-être un avis salutaire.
Faisons de ce trésor Jéhu dépositaire :
On peut dans ses états le conduire aujourd'hui,
Et le chemin est court qui méne jusqu'à lui.
Jéhu n'a point un cœur farouche, inexorable ;
De David à ses yeux le nom est favorable.
Hélas ! est-il un roi si dur et si cruel,
A moins qu'il n'eût pour mère une autre Jézabel,
Qui d'un tel suppliant ne plaignît l'infortune ?
Sa cause à tous les rois n'est-elle pas commune ?

JOAD.

Quels timides conseils m'osez-vous suggérer ?
En l'appui de Jéhu pourriez-vous espérer ?

JOSABETH.

Dieu défend-il tout soin et toute prévoyance ?
Ne l'offense-t-on point par trop de confiance ?
A ses desseins sacrés employant les humains,
N'a-t-il pas de Jéhu lui-même armé les mains ?

JOAD.

Jéhu, qu'avoit choisi sa sagesse profonde,
Jéhu, sur qui je vois que votre espoir se fonde,
D'un oubli trop ingrat a payé ses bienfaits :
Jéhu laisse d'Achab l'affreuse fille en paix,

Suit des rois d'Israël les profanes exemples,
Du vil dieu de l'Égypte a conservé les temples;
Jéhu, sur les hauts lieux enfin osant offrir
Un téméraire encens que Dieu ne peut souffrir,
N'a pour servir sa cause et venger ses injures
Ni le cœur assez droit, ni les mains assez pures.
Non, non : c'est à Dieu seul qu'il nous faut attacher.
Montrons Éliacin ; et, loin de le cacher,
Que du bandeau royal sa tête soit ornée :
Je veux même avancer l'heure déterminée,
Avant que de Mathan le complot soit formé.

## SCÈNE VII.

### JOAD, JOSABETH, AZARIAS, *suivi du chœur et de plusieurs lévites.*

#### JOAD.

Hé bien, Azarias, le temple est-il fermé?

#### AZARIAS.

J'en ai fait devant moi fermer toutes les portes.

#### JOAD.

N'y reste-t-il que vous et vos saintes cohortes?

#### AZARIAS.

De ses parvis sacrés j'ai deux fois fait le tour.
Tout a fui, tous se sont séparés sans retour,
Misérable troupeau qu'a dispersé la crainte;

Et Dieu n'est plus servi que dans la tribu sainte.
Depuis qu'à Pharaon ce peuple est échappé,
Une égale terreur ne l'avoit point frappé.

JOAD.

Peuple lâche, en effet, et né pour l'esclavage,
Hardi contre Dieu seul ! Poursuivons notre ouvrage.
Mais qui retient encor ces enfants parmi nous ?

UNE DES FILLES DU CHOEUR.

Hé ! pourrions-nous, seigneur, nous séparer de vous ?
Dans le temple de Dieu sommes-nous étrangères ?
Vous avez près de vous nos pères et nos frères.

UNE AUTRE.

Hélas ! si, pour venger l'opprobre d'Israël,
Nos mains ne peuvent pas, comme autrefois Jahel,
Des ennemis de Dieu percer la tête impie,
Nous lui pouvons du moins immoler notre vie.
Quand vos bras combattront pour son temple attaqué,
Par nos larmes du moins il peut être invoqué.

JOAD.

Voilà donc quels vengeurs s'arment pour ta querelle,
Des prêtres, des enfants, ô Sagesse éternelle !
Mais, si tu les soutiens, qui peut les ébranler ?
Du tombeau, quand tu veux, tu sais nous rappeler ;
Tu frappes et guéris, tu perds et ressuscites.
Ils ne s'assurent point en leurs propres mérites,
Mais en ton nom sur eux invoqué tant de fois,
En tes serments jurés au plus saint de leurs rois,

En ce temple où tu fais ta demeure sacrée,
Et qui doit du soleil égaler la durée.
Mais d'où vient que mon cœur frémit d'un saint effroi ?
Est-ce l'esprit divin qui s'empare de moi ?
C'est lui-même; il m'échauffe, il parle : mes yeux s'ouvrent,
Et les siècles obscurs devant moi se découvrent.
Lévites, de vos sons prêtez-moi les accords,
Et de ses mouvements secondez les transports.

LE CHOEUR *chante au son de toute la symphonie des instruments.*

Que du Seigneur la voix se fasse entendre,
Et qu'à nos cœurs son oracle divin
    Soit ce qu'à l'herbe tendre
Est, au printemps, la fraîcheur du matin.

JOAD.

Cieux, écoutez ma voix ; terre, prête l'oreille.
Ne dis plus, ô Jacob, que ton Seigneur sommeille !
Pécheurs, disparoissez : le Seigneur se réveille.
(Ici recommence la symphonie, et Joad aussitôt reprend la parole.)
Comment en un plomb vil l'or pur s'est-il changé ?
Quel est dans le lieu saint ce pontife égorgé ?
Pleure, Jérusalem, pleure, cité perfide,
Des prophètes divins malheureuse homicide :
De son amour pour toi ton Dieu s'est dépouillé ;
Ton encens à ses yeux est un encens souillé.
  Où menez-vous ces enfants et ces femmes ?

## ACTE III.

Le Seigneur a détruit la reine des cités :
Ses prêtres sont captifs, ses rois sont rejetés;
Dieu ne veut plus qu'on vienne à ses solennités :
Temple, renverse-toi, cèdres, jetez des flammes.
    Jérusalem, objet de ma douleur,
Quelle main en un jour t'a ravi tous tes charmes?
Qui changera mes yeux en deux sources de larmes
    Pour pleurer ton malheur?

### AZARIAS.

O saint temple!

### JOSABETH.

O David!

### LE CHOEUR.

             Dieu de Sion, rappelle,
Rappelle en sa faveur tes antiques bontés.
*(La symphonie recommence encore; et Joad, un moment*
*après, l'interrompt.)*

### JOAD.

    Quelle Jérusalem nouvelle
Sort du fond du désert, brillante de clartés,
Et porte sur le front une marque immortelle?
    Peuples de la terre, chantez :
Jérusalem renaît plus charmante et plus belle.
    D'où lui viennent de tous côtés
Ces enfants qu'en son sein elle n'a point portés?
Lève, Jérusalem, lève ta tête altière;
Regarde tous ces rois de ta gloire étonnés;

Les rois des nations, devant toi prosternés,
    De tes pieds baisent la poussière;
Les peuples à l'envi marchent à ta lumière.
Heureux qui pour Sion d'une sainte ferveur
    Sentira son ame embrasée !
    Cieux, répandez votre rosée,
Et que la terre enfante son Sauveur !

JOSABETH.

Hélas ! d'où nous viendra cette insigne faveur,
Si les rois de qui doit descendre ce Sauveur...

JOAD.

Préparez, Josabeth, le riche diadème
Que sur son front sacré David porta lui-même.
    (*aux lévites.*)
Et vous, pour vous armer, suivez-moi dans ces lieux
Où se garde caché, loin des profanes yeux,
Ce formidable amas de lances et d'épées
Qui du sang philistin jadis furent trempées,
Et que David vainqueur, d'ans et d'honneurs chargé,
Fit consacrer au Dieu qui l'avoit protégé.
Peut-on les employer pour un plus noble usage ?
Venez, je veux moi-même en faire le partage.

## SCÈNE VIII.

SALOMITH, LE CHOEUR.

SALOMITH.

Que de crainte, mes sœurs, que de troubles mortels!
  Dieu tout-puissant, sont-ce là les prémices,
    Les parfums et les sacrifices
Qu'on devoit en ce jour offrir sur tes autels?

UNE DES FILLES DU CHOEUR.

    Quel spectacle à nos yeux timides!
    Qui l'eût cru qu'on dût voir jamais
Les glaives meurtriers, les lances homicides
    Briller dans la maison de paix?

UNE AUTRE.

D'où vient que, pour son Dieu, pleine d'indifférence,
Jérusalem se tait en ce pressant danger?
  D'où vient, mes sœurs, que, pour nous protéger,
Le brave Abner au moins ne rompt pas le silence?

SALOMITH.

Hélas! dans une cour où l'on n'a d'autres lois
    Que la force et la violence,
    Où les honneurs et les emplois
Sont le prix d'une aveugle et basse obéissance,
    Ma sœur, pour la triste innocence
    Qui voudroit élever sa voix?

UNE AUTRE.

Dans ce péril, dans ce désordre extrême,
Pour qui prépare-t-on le sacré diadème ?

SALOMITH.

Le Seigneur a daigné parler ;
Mais ce qu'à son prophète il vient de révéler,
Qui pourra nous le faire entendre ?
S'arme-t-il pour nous défendre ?
S'arme-t-il pour nous accabler ?

TOUT LE CHOEUR *chante.*

O promesse ! ô menace ! ô ténébreux mystère !
Que de maux, que de biens sont prédits tour-à-tour !
Comment peut-on avec tant de colère
Accorder tant d'amour ?

UNE VOIX, *seule.*

Sion ne sera plus : une flamme cruelle
Détruira tous ses ornements.

UNE AUTRE VOIX.

Dieu protège Sion : elle a pour fondements
Sa parole éternelle.

LA PREMIÈRE.

Je vois tout son éclat disparoître à mes yeux.

LA SECONDE.

Je vois de toutes parts sa clarté répandue.

LA PREMIÈRE.

Dans un gouffre profond Sion est descendue.

LA SECONDE.
Sion a son front dans les cieux.
LA PREMIÈRE.
Quel triste abaissement!
LA SECONDE.
Quelle immortelle gloire!
LA PREMIÈRE.
Que de cris de douleur!
LA SECONDE.
Que de chants de victoire!
UNE TROISIÈME.
Cessons de nous troubler: notre Dieu, quelque jour,
Dévoilera ce grand mystère.
TOUTES TROIS.
Révérons sa colère;
Espérons en son amour.
UNE AUTRE.
D'un cœur qui t'aime,
Mon Dieu, qui peut troubler la paix?
Il cherche en tout ta volonté suprême,
Et ne se cherche jamais.
Sur la terre, dans le ciel même,
Est-il d'autre bonheur que la tranquille paix
D'un cœur qui t'aime?

FIN DU TROISIÈME ACTE.

# ACTE QUATRIÈME.

## SCÈNE I.

JOAS, JOSABETH, ZACHARIE, SALOMITH,
UN LÉVITE, LE CHOEUR.

SALOMITH.
D'un pas majestueux, à côté de ma mère,
Le jeune Éliacin s'avance avec mon frère.
Dans ces voiles, mes sœurs, que portent-ils tous deux?
Quel est ce glaive enfin qui marche devant eux?
JOSABETH, *à Zacharie.*
Mon fils, avec respect posez sur cette table
De notre sainte loi le livre redoutable.
Et vous aussi, posez, aimable Éliacin,
Cet auguste bandeau près du livre divin.
Lévite, il faut placer, Joad ainsi l'ordonne,
Le glaive de David auprès de sa couronne.
JOAS.
Princesse, quel est donc ce spectacle nouveau?
Pourquoi ce livre saint, ce glaive, ce bandeau?
Depuis que le Seigneur m'a reçu dans son temple,

ATHALIE. 163

D'un semblable appareil je n'ai point vu d'exemple.
JOSABETH.
Tous vos doutes, mon fils, bientôt s'éclairciront.
JOAS.
Vous voulez essayer ce bandeau sur mon front?
Ah! princesse, gardez d'en profaner la gloire :
Du roi qui l'a porté respectez la mémoire.
Un malheureux enfant aux ours abandonné...
JOSABETH, *lui essayant le diadème.*
Laissez, mon fils : je fais ce qui m'est ordonné.
JOAS.
Mais j'entends les sanglots sortir de votre bouche!
Princesse, vous pleurez! Quelle pitié vous touche?
Est-ce qu'en holocauste aujourd'hui présenté,
Je dois, comme autrefois la fille de Jephté,
Du Seigneur par ma mort apaiser la colère?
Hélas! un fils n'a rien qui ne soit à son père.
JOSABETH.
Voici qui vous dira les volontés des cieux.
Ne craignez rien. Et nous, sortons tous de ces lieux.

## SCÈNE II.

### JOAS, JOAD.

JOAS, *courant dans les bras du grand-prêtre.*
Mon père!

## JOAD.

Hé bien, mon fils ?

## JOAS.

Qu'est-ce donc qu'on prépare ?

## JOAD.

Il est juste, mon fils, que je vous le déclare.
Il faut que vous soyez instruit, même avant tous,
Des grands desseins de Dieu sur son peuple et sur vous.
Armez-vous d'un courage et d'une foi nouvelle :
Il est temps de montrer cette ardeur et ce zèle
Qu'au fond de votre cœur mes soins ont cultivés,
Et de payer à Dieu ce que vous lui devez.
Sentez-vous cette noble et généreuse envie ?

## JOAS.

Je me sens prêt, s'il veut, de lui donner ma vie.

## JOAD.

On vous a lu souvent l'histoire de nos rois :
Vous souvient-il, mon fils, quelles étroites lois
Doit s'imposer un roi digne du diadème ?

## JOAS.

Un roi sage, ainsi Dieu l'a prononcé lui-même,
Sur la richesse et l'or ne met point son appui,
Craint le Seigneur son Dieu, sans cesse a devant lui
Ses préceptes, ses lois, ses jugements sévères,
Et d'injustes fardeaux n'accable point ses frères.

## JOAD.

Mais sur l'un de ces rois s'il falloit vous régler,

## ACTE IV.

A qui choisiriez-vous, mon fils, de ressembler?
#### JOAS.
David, pour le Seigneur plein d'un amour fidéle,
Me paroît des grands rois le plus parfait modéle.
#### JOAD.
Ainsi dans leurs excès vous n'imiteriez pas
L'infidéle Joram, l'impie Ochozias?
#### JOAS.
O mon père!
#### JOAD.
Achevez, dites : que vous en semble?
#### JOAS.
Puisse périr comme eux quiconque leur ressemble!
(*Joad se prosterne à ses pieds.*)
Mon père, en quel état vous vois-je devant moi!
#### JOAD.
Je vous rends le respect que je dois à mon roi.
De votre aïeul David, Joas, rendez-vous digne.
#### JOAS.
Joas! Moi?
#### JOAD, *se relevant.*
Vous saurez par quelle grace insigne,
D'une mère en fureur Dieu trompant le dessein,
Quand déja son poignard étoit dans votre sein,
Vous choisit, vous sauva du milieu du carnage.
Vous n'êtes pas encore échappé de sa rage :
Avec la même ardeur qu'elle voulut jadis

Perdre en vous le dernier des enfants de son fils,
A vous faire périr sa cruauté s'attache,
Et vous poursuit encor sous le nom qui vous cache.
Mais sous vos étendards j'ai déja su ranger
Un peuple obéissant et prompt à vous venger.
    Entrez, généreux chefs des familles sacrées,
Du ministère saint tour-à-tour honorées.

## SCÈNE III.

### JOAS, JOAD, AZARIAS, ISMAEL, ET LES TROIS AUTRES CHEFS DES LÉVITES.

*JOAD continue.*
Roi, voilà vos vengeurs contre vos ennemis.
Prêtres, voilà le roi que je vous ai promis.

*AZARIAS.*
Quoi! c'est Éliacin?

*ISMAEL.*
    Quoi! cet enfant aimable...

*JOAD.*
Est des rois de Juda l'héritier véritable,
Dernier né des enfants du triste Ochozias,
Nourri, vous le savez, sous le nom de Joas.
De cette fleur si tendre et sitôt moissonnée,
Tout Juda, comme vous, plaignant la destinée,
Avec ses frères morts le crut enveloppé.

Du perfide couteau comme eux il fut frappé ;
Mais Dieu du coup mortel sut détourner l'atteinte,
Conserva dans son cœur la chaleur presque éteinte,
Permit que, des bourreaux trompant l'œil vigilant,
Josabeth dans son sein l'emportât tout sanglant,
Et, n'ayant de son vol que moi seul pour complice,
Dans le temple cachât l'enfant et la nourrice.

JOAS.

Hélas ! de tant d'amour et de tant de bienfaits,
Mon père, quel moyen de m'acquitter jamais ?

JOAD.

Gardez pour d'autres temps cette reconnoissance.
Voilà donc votre roi, votre unique espérance.
J'ai pris soin jusqu'ici de vous le conserver :
Ministres du Seigneur, c'est à vous d'achever.
Bientôt de Jézabel la fille meurtrière,
Instruite que Joas voit encor la lumière,
Dans l'horreur du tombeau viendra le replonger :
Déjà, sans le connoître, elle veut l'égorger.
Prêtres saints, c'est à vous de prévenir sa rage :
Il faut finir des Juifs le honteux esclavage,
Venger vos princes morts, relever votre loi,
Et faire aux deux tribus reconnoître leur roi.
L'entreprise, sans doute, est grande et périlleuse :
J'attaque sur son trône une reine orgueilleuse,
Qui voit sous ses drapeaux marcher un camp nombreux
De hardis étrangers, d'infidèles Hébreux ;

Mais ma force est au Dieu dont l'intérêt me guide.
Songez qu'en cet enfant tout Israël réside.
Déja ce Dieu vengeur commence à la troubler ;
Déja, trompant ses soins, j'ai su vous rassembler.
Elle nous croit ici sans armes, sans défense.
Couronnons, proclamons Joas en diligence :
De là, du nouveau prince intrépides soldats,
Marchons, en invoquant l'arbitre des combats ;
Et réveillant la foi dans les cœurs endormie,
Jusque dans son palais cherchons notre ennemie.
 Et quels cœurs si plongés dans un lâche sommeil,
Nous voyant avancer dans ce saint appareil,
Ne s'empresseront pas à suivre notre exemple ?
Un roi, que Dieu lui-même a nourri dans son temple,
Le successeur d'Aaron de ses prêtres suivi,
Conduisant au combat les enfants de Lévi,
Et, dans ces mêmes mains des peuples révérées,
Les armes au Seigneur par David consacrées !
Dieu sur ses ennemis répandra sa terreur.
Dans l'infidèle sang baignez-vous sans horreur ;
Frappez et Tyriens, et même Israélites.
Ne descendez-vous pas de ces fameux lévites
Qui, lorsqu'au dieu du Nil le volage Israël
Rendit dans le désert un culte criminel,
De leurs plus chers parents saintement homicides,
Consacrèrent leurs mains dans le sang des perfides,
Et par ce noble exploit vous acquirent l'honneur

## ACTE IV.

D'être seuls employés aux autels du Seigneur?
Mais je vois que déja vous brûlez de me suivre.
Jurez donc, avant tout, sur cet auguste livre,
A ce roi que le ciel vous redonne aujourd'hui,
De vivre, de combattre, et de mourir pour lui.

AZARIAS.

Oui, nous jurons ici pour nous, pour tous nos frères,
De rétablir Joas au trône de ses pères,
De ne poser le fer entre nos mains remis,
Qu'après l'avoir vengé de tous ses ennemis.
Si quelque transgresseur enfreint cette promesse,
Qu'il éprouve, grand Dieu, ta fureur vengeresse;
Qu'avec lui ses enfants, de ton partage exclus,
Soient au rang de ces morts que tu ne connois plus!

JOAD.

Et vous, à cette loi, votre règle éternelle,
Roi, ne jurez-vous pas d'être toujours fidéle?

JOAS.

Pourrois-je à cette loi ne me pas conformer?

JOAD.

O mon fils, de ce nom j'ose encor vous nommer,
Souffrez cette tendresse, et pardonnez aux larmes
Que m'arrachent pour vous de trop justes alarmes.
Loin du trône nourri, de ce fatal honneur,
Hélas! vous ignorez le charme empoisonneur;
De l'absolu pouvoir vous ignorez l'ivresse,
Et des lâches flatteurs la voix enchanteresse.

Bientôt ils vous diront que les plus saintes lois,
Maîtresses du vil peuple, obéissent aux rois;
Qu'un roi n'a d'autre frein que sa volonté même;
Qu'il doit immoler tout à sa grandeur suprême;
Qu'aux larmes, au travail, le peuple est condamné,
Et d'un sceptre de fer veut être gouverné;
Que s'il n'est opprimé, tôt ou tard il opprime :
Ainsi de piège en piège, et d'abyme en abyme,
Corrompant de vos mœurs l'aimable pureté,
Ils vous feront enfin haïr la vérité,
Vous peindront la vertu sous une affreuse image.
Hélas! ils ont des rois égaré le plus sage.
  Promettez sur ce livre, et devant ces témoins,
Que Dieu fera toujours le premier de vos soins;
Que, sévère aux méchants, et des bons le refuge,
Entre le pauvre et vous, vous prendrez Dieu pour juge;
Vous souvenant, mon fils, que, caché sous ce lin,
Comme eux vous fûtes pauvre, et comme eux orphelin.

JOAS.

Je promets d'observer ce que la loi m'ordonne.
Mon Dieu, punissez-moi si je vous abandonne!

JOAD.

Venez : de l'huile sainte il faut vous consacrer.
Paroissez, Josabeth : vous pouvez vous montrer!

## SCÈNE IV.

JOAS, JOAD, JOSABETH, ZACHARIE, SALOMITH, AZARIAS, ISMAEL, LES TROIS AUTRES CHEFS DES LÉVITES, LE CHOEUR.

JOSABETH, *embrassant Joas.*
O roi, fils de David!
    JOAS.
      O mon unique mère!
Venez, cher Zacharie, embrasser votre frère.
    JOSABETH, *à Zacharie.*
Aux pieds de votre roi prosternez-vous, mon fils.
  (*Zacharie se jette aux pieds de Joas.*)
    JOAD, *pendant qu'ils s'embrassent.*
Enfants, ainsi toujours puissiez-vous être unis!
    JOSABETH, *à Joas.*
Vous savez donc quel sang vous a donné la vie?
    JOAS.
Et je sais quelle main sans vous me l'eût ravie.
    JOSABETH.
De votre nom, Joas, je puis donc vous nommer?
    JOAS.
Joas ne cessera jamais de vous aimer.
    LE CHOEUR.
Quoi! c'est là...

ATHALIE.

JOSABETH.

C'est Joas.

JOAD.

Écoutons ce lévite.

## SCÈNE V.

JOAS, JOAD, JOSABETH, ZACHARIE, SALOMITH, AZARIAS, ISMAËL, LES TROIS AUTRES CHEFS DES LÉVITES, UN LÉVITE, LE CHOEUR.

UN LÉVITE.

J'ignore contre Dieu quel projet on médite ;
Mais l'airain menaçant frémit de toutes parts ;
On voit luire des feux parmi des étendards,
Et sans doute Athalie assemble son armée :
Déja même au secours toute voie est fermée ;
Déja le sacré mont, où le temple est bâti,
D'insolents Tyriens est par-tout investi ;
L'un d'eux, en blasphémant, vient de nous faire entendre
Qu'Abner est dans les fers, et ne peut nous défendre.

JOSABETH, à Joas.

Cher enfant, que le ciel en vain m'avoit rendu,
Hélas ! pour vous sauver, j'ai fait ce que j'ai pu :
Dieu ne se souvient plus de David votre père !

JOAD, à Josabeth.

Quoi ! vous ne craignez pas d'attirer sa colère

Sur vous et sur ce roi si cher à votre amour?
Et quand Dieu, de vos bras l'arrachant sans retour,
Voudroit que de David la maison fût éteinte,
N'êtes-vous pas ici sur la montagne sainte
Où le père des Juifs sur son fils innocent
Leva sans murmurer un bras obéissant,
Et mit sur un bûcher ce fruit de sa vieillesse,
Laissant à Dieu le soin d'accomplir sa promesse,
Et lui sacrifiant, avec ce fils aimé,
Tout l'espoir de sa race, en lui seul renfermé?
 Amis, partageons-nous : qu'Ismaël en sa garde
Prenne tout le côté que l'orient regarde;
Vous, le côté de l'ourse; et vous, de l'occident;
Vous, le midi. Qu'aucun, par un zèle imprudent,
Découvrant mes desseins, soit prêtre, soit lévite,
Ne sorte avant le temps, et ne se précipite;
Et que chacun enfin, d'un même esprit poussé,
Garde en mourant le poste où je l'aurai placé.
L'ennemi nous regarde, en son aveugle rage,
Comme de vils troupeaux réservés au carnage,
Et croit ne rencontrer que désordre et qu'effroi.
Qu'Azarias par-tout accompagne le roi.
 (à Joas.)
Venez, cher rejeton d'une vaillante race,
Remplir vos défenseurs d'une nouvelle audace;
Venez du diadème à leurs yeux vous couvrir,
Et périssez du moins en roi, s'il faut périr.

(*à un lévite.*)
Suivez-le, Josabeth. Vous, donnez-moi ces armes.
(*au chœur.*)
Enfants, offrez à Dieu vos innocentes larmes.

## SCÈNE VI.

### SALOMITH, LE CHOEUR.

TOUT LE CHOEUR *chante.*
Partez, enfants d'Aaron, partez :
Jamais plus illustre querelle
De vos aïeux n'arma le zéle.
Partez, enfants d'Aaron, partez :
C'est votre roi, c'est Dieu pour qui vous combattez.
UNE VOIX, *seule.*
Où sont les traits que tu lances,
Grand Dieu, dans ton juste courroux?
N'es-tu plus le Dieu jaloux?
N'es-tu plus le Dieu des vengeances?
UNE AUTRE.
Où sont, Dieu de Jacob, tes antiques bontés?
Dans l'horreur qui nous environne,
N'entends-tu que la voix de nos iniquités?
N'es-tu plus le Dieu qui pardonne?
TOUT LE CHOEUR.
Où sont, Dieu de Jacob, tes antiques bontés?

ACTE IV. 175

UNE VOIX, *seule.*

C'est à toi que dans cette guerre
Les flèches des méchants prétendent s'adresser.
« Faisons, disent-ils, cesser
« Les fêtes de Dieu sur la terre ;
« De son joug importun délivrons les mortels ;
« Massacrons tous ses saints ; renversons ses autels ;
« Que de son nom, que de sa gloire
« Il ne reste plus de mémoire ;
« Que ni lui ni son Christ ne régnent plus sur nous. »

TOUT LE CHOEUR.

Où sont les traits que tu lances,
Grand Dieu, dans ton juste courroux ?
N'es-tu plus le Dieu jaloux ?
N'es-tu plus le Dieu des vengeances ?

UNE VOIX, *seule.*

Triste reste de nos rois,
Chère et dernière fleur d'une tige si belle,
Hélas ! sous le couteau d'une mère cruelle
Te verrons-nous tomber une seconde fois ?
Prince aimable, dis-nous si quelque ange, au berceau,
Contre tes assassins prit soin de te défendre ;
Ou si dans la nuit du tombeau
La voix du Dieu vivant a ranimé ta cendre ?

UNE AUTRE.

D'un père et d'un aïeul contre toi révoltés,
Grand Dieu, les attentats lui sont-ils imputés ?

Est-ce que sans retour ta pitié l'abandonne?
LE CHOEUR.
Où sont, Dieu de Jacob, tes antiques bontés?
N'es-tu plus le Dieu qui pardonne?
UNE DES FILLES DU CHOEUR, *sans chanter.*
Chères sœurs, n'entendez-vous pas
Des cruels Tyriens la trompette qui sonne?
SALOMITH.
J'entends même les cris des barbares soldats,
Et d'horreur j'en frissonne.
Courons, fuyons; retirons-nous
A l'ombre salutaire
Du redoutable sanctuaire.

FIN DU QUATRIÈME ACTE.

# ACTE CINQUIÈME.

## SCÈNE I.

ZACHARIE, SALOMITH, LE CHOEUR.

SALOMITH.
Cher Zacharie, hé bien ! que nous apprenez-vous ?
ZACHARIE.
Redoublez au Seigneur votre ardente prière :
Peut-être nous touchons à notre heure dernière ;
Pour l'horrible combat, ma sœur, l'ordre est donné.
SALOMITH.
Que fait Joas ?
ZACHARIE.
  Joas vient d'être couronné :
Le grand-prêtre a sur lui répandu l'huile sainte.
Oh ciel ! dans tous les yeux quelle joie étoit peinte
A l'aspect de ce roi racheté du tombeau !
Ma sœur, on voit encor la marque du couteau ;
On voit paroître aussi sa fidèle nourrice,
Qui, cachée en un coin de ce vaste édifice,

Gardoit ce cher dépôt, et n'avoit de ses soins
Que les yeux de ma mère et que Dieu pour témoins.
Nos lévites pleuroient de joie et de tendresse,
Et mêloient leurs sanglots à leurs cris d'alégresse.
Lui, parmi ces transports, affable et sans orgueil,
A l'un tendoit la main, flattoit l'autre de l'œil,
Juroit de se régler par leurs avis sincères,
Et les appeloit tous ses pères ou ses frères.

SALOMITH.

Ce secret au-dehors est-il aussi semé ?

ZACHARIE.

Ce secret dans le temple est encor renfermé.
Des enfants de Lévi la troupe partagée
Dans un profond silence aux portes s'est rangée.
Tous doivent à-la-fois précipiter leurs pas,
Et crier pour signal : Vive le roi Joas !
Mais mon père défend que le roi se hasarde,
Et veut qu'Azarias demeure pour sa garde.
Cependant Athalie, un poignard à la main,
Rit des foibles remparts de nos portes d'airain.
Pour les rompre, elle attend les fatales machines,
Et ne respire enfin que sang et que ruines.
Quelques prêtres, ma sœur, ont d'abord proposé
Qu'en un lieu souterrain, par nos pères creusé,
On renfermât du moins notre arche précieuse.
« O crainte, a dit mon père, indigne, injurieuse !
« L'arche qui fit tomber tant de superbes tours,

# ACTE V.

« Et força le Jourdain de rebrousser son cours,
« Des dieux des nations tant de fois triomphante,
« Fuiroit donc à l'aspect d'une femme insolente ! »
Ma mère, auprès du roi, dans un trouble mortel,
L'œil tantôt sur ce prince et tantôt vers l'autel,
Muette, et succombant sous le poids des alarmes,
Aux yeux les plus cruels arracheroit des larmes.
Le roi de temps en temps la presse entre ses bras,
La flatte... Chères sœurs, suivez toutes mes pas ;
Et, s'il faut aujourd'hui que notre roi périsse,
Allons, qu'un même sort avec lui nous unisse.

SALOMITH.

Quelle insolente main frappe à coups redoublés ?
Qui fait courir ainsi ces lévites troublés ?
Quelle précaution leur fait cacher leurs armes ?
Le temple est-il forcé ?

ZACHARIE.

Dissipez vos alarmes :
Dieu nous envoie Abner.

## SCÈNE II.

JOAD, JOSABETH, ZACHARIE, SALOMITH,
ABNER, ISMAEL, DEUX LÉVITES, LE CHOEUR.

JOAD.

En croirai-je mes yeux,

Cher Abner? Quel chemin a pu jusqu'en ces lieux
Vous conduire au travers d'un camp qui nous assiége?
On disoit que d'Achab la fille sacrilége
Avoit, pour assurer ses projets inhumains,
Chargé d'indignes fers vos généreuses mains.

ABNER.

Oui, seigneur, elle a craint mon zèle et mon courage;
Mais c'est le moindre prix que me gardoit sa rage.
Dans l'horreur d'un cachot, par son ordre enfermé,
J'attendois que, le temple en cendres consumé,
De tant de flots de sang non encore assouvie,
Elle vînt m'affranchir d'une importune vie,
Et retrancher des jours qu'auroit dû mille fois
Terminer la douleur de survivre à mes rois.

JOAD.

Par quel miracle a-t-on obtenu votre grace?

ABNER.

Dieu dans ce cœur cruel sait seul ce qui se passe.
Elle m'a fait venir; et d'un air égaré :
« Tu vois de mes soldats tout ce temple entouré,
« Dit-elle; un feu vengeur va le réduire en cendre,
« Et ton Dieu contre moi ne le sauroit défendre.
« Ses prêtres toutefois, mais il faut se hâter,
« A deux conditions peuvent se racheter :
« Qu'avec Éliacin on mette en ma puissance
« Un trésor dont je sais qu'ils ont la connoissance,
« Par votre roi David autrefois amassé,

## ACTE V. 181

« Sous le sceau du secret au grand-prêtre laissé.
« Va, dis-leur qu'à ce prix je leur permets de vivre. »
### JOAD.
Quel conseil, cher Abner, croyez-vous qu'on doit suivre?
### ABNER.
Et tout l'or de David, s'il est vrai qu'en effet
Vous gardiez de David quelque trésor secret;
Et tout ce que des mains de cette reine avare
Vous avez pu sauver et de riche et de rare,
Donnez-le. Voulez-vous que d'impurs assassins
Viennent briser l'autel, brûler les chérubins,
Et, portant sur notre arche une main téméraire,
De votre propre sang souiller le sanctuaire?
### JOAD.
Mais siéroit-il, Abner, à des cœurs généreux
De livrer au supplice un enfant malheureux,
Un enfant que Dieu même à ma garde confie,
Et de nous racheter aux dépens de sa vie?
### ABNER.
Hélas! Dieu voit mon cœur. Plût à ce Dieu puissant
Qu'Athalie oubliât un enfant innocent,
Et que du sang d'Abner sa cruauté contente
Crût calmer par ma mort le ciel qui la tourmente!
Mais que peuvent pour lui vos inutiles soins?
Quand vous périrez tous, en périra-t-il moins?
Dieu vous ordonne-t-il de tenter l'impossible?
Pour obéir aux lois d'un tyran inflexible,

Moïse, par sa mère au Nil abandonné,
Se vit, presque en naissant, à périr condamné;
Mais Dieu, le conservant contre toute espérance,
Fit par le tyran même élever son enfance.
Qui sait ce qu'il réserve à votre Éliacin;
Et si, lui préparant un semblable destin,
Il n'a point de pitié déja rendu capable
De nos malheureux rois l'homicide implacable?
Du moins, et Josabeth comme moi l'a pu voir,
Tantôt à son aspect je l'ai vu s'émouvoir;
J'ai vu de son courroux tomber la violence.
(*à Josabeth.*)
Princesse, en ce péril vous gardez le silence!
Hé quoi! pour un enfant qui vous est étranger
Souffrez-vous que sans fruit Joad laisse égorger
Vous, son fils, tout ce peuple, et que le feu dévore
Le seul lieu sur la terre où Dieu veut qu'on l'adore?
Que feriez-vous de plus, si des rois vos aïeux
Ce jeune enfant étoit un reste précieux?

JOSABETH, *bas à Joad.*
Pour le sang de ses rois vous voyez sa tendresse:
Que ne lui parlez-vous?

JOAD.
    Il n'est pas temps, princesse.

ABNER.
Le temps est cher, seigneur, plus que vous ne pensez.
Tandis qu'à me répondre ici vous balancez,

Mathan, près d'Athalie, étincelant de rage,
Demande le signal, et presse le carnage.
Faut-il que je me jette à vos sacrés genoux ?
Au nom du lieu si saint qui n'est ouvert qu'à vous,
Lieu terrible où de Dieu la majesté repose,
Quelque dure que soit la loi qu'on vous impose,
De ce coup imprévu songeons à nous parer.
Donnez-moi seulement le temps de respirer :
Demain, dès cette nuit, je prendrai des mesures
Pour assurer le temple et venger ses injures.
Mais je vois que mes pleurs et que mes vains discours
Pour vous persuader sont un foible secours ;
Votre austère vertu n'en peut être frappée :
Hé bien ! trouvez-moi donc quelque arme, quelque épée ;
Et qu'aux portes du temple, où l'ennemi m'attend,
Abner puisse du moins mourir en combattant.

JOAD.

Je me rends. Vous m'ouvrez un avis que j'embrasse :
De tant de maux, Abner, détournons la menace.
Il est vrai, de David un trésor est resté,
La garde en fut commise à ma fidélité ;
C'étoit des tristes Juifs l'espérance dernière,
Que mes soins vigilants cachoient à la lumière.
Mais puisqu'à votre reine il faut le découvrir,
Je vais la contenter, nos portes vont s'ouvrir.
De ses plus braves chefs qu'elle entre accompagnée ;
Mais de nos saints autels qu'elle tienne éloignée

D'un ramas d'étrangers l'indiscrète fureur :
Du pillage du temple épargnez-moi l'horreur.
Des prêtres, des enfants lui feroient-ils quelque ombre ?
De sa suite avec vous qu'elle règle le nombre.
Et quant à cet enfant si craint, si redouté,
De votre cœur, Abner, je connois l'équité,
Je vous veux devant elle expliquer sa naissance :
Vous verrez s'il le faut remettre en sa puissance ;
Et je vous ferai juge entre Athalie et lui.

ABNER.

Ah ! je le prends déja, seigneur, sous mon appui.
Ne craignez rien. Je cours vers celle qui m'envoie.

## SCÈNE III.

JOAD, JOSABETH, ZACHARIE, SALOMITH,
 ISMAEL, DEUX LÉVITES, LE CHOEUR.

JOAD.

Grand Dieu ! voici ton heure, on t'amène ta proie !
Ismaël, écoutez.
     (*Il lui parle à l'oreille.*)

JOSABETH.
    Puissant maître des cieux,
Remets-lui le bandeau dont tu couvris ses yeux
Lorsque, lui dérobant tout le fruit de son crime,

Tu cachas dans mon sein cette tendre victime.
#### JOAD.
Allez, sage Ismaël, ne perdez point de temps ;
Suivez de point en point ces ordres importants ;
Sur-tout qu'à son entrée, et que sur son passage
Tout d'un calme profond lui présente l'image.
Vous, enfants, préparez un trône pour Joas ;
Qu'il s'avance suivi de nos sacrés soldats.
Faites venir aussi sa fidéle nourrice,
Princesse, et de vos pleurs que la source tarisse.
(*à un lévite.*)
Vous, dès que cette reine, ivre d'un fol orgueil,
De la porte du temple aura passé le seuil,
Qu'elle ne pourra plus retourner en arrière,
Prenez soin qu'à l'instant la trompette guerrière
Dans le camp ennemi jette un subit effroi :
Appelez tout le peuple au secours de son roi ;
Et faites retentir jusques à son oreille
De Joas conservé l'étonnante merveille.
Il vient.

## SCÈNE IV.

JOAS, JOAD, JOSABETH, ZACHARIE, SALOMITH, AZARIAS, TROUPE DE PRÊTRES ET DE LÉVITES, LE CHOEUR.

JOAD *continue.*

Lévites saints, prêtres de notre Dieu,
Par-tout sans vous montrer environnez ce lieu ;
Et, laissant à mes soins gouverner votre zèle,
Pour paroître attendez que ma voix vous appelle.
     (*Ils se cachent tous.*)
Roi, je crois qu'à vos vœux cet espoir est permis,
Venez voir à vos pieds tomber vos ennemis.
Celle dont la fureur poursuivit votre enfance
Vers ces lieux à grands pas pour vous perdre s'avance ;
Mais ne la craignez point : songez qu'autour de vous
L'ange exterminateur est debout avec nous.
Montez sur votre trône, et... Mais la porte s'ouvre :
Permettez un moment que ce voile vous couvre.
     (*Il tire un rideau.*)
Vous changez de couleur, princesse !

JOSABETH.

     Ah ! sans pâlir,
Puis-je voir d'assassins le temple se remplir ?
Quoi ! ne voyez-vous pas quelle nombreuse escorte...

JOAD.

Je vois que du saint temple on referme la porte :
Tout est en sûreté.

## SCÈNE V.

### JOAS, ATHALIE, JOAD, JOSABETH, ABNER, SUITE D'ATHALIE.

( Joas est caché derrière le rideau. )

ATHALIE, *à Joad.*
    Te voilà, séducteur,
De ligues, de complots, pernicieux auteur,
Qui dans le trouble seul as mis tes espérances,
Éternel ennemi des suprêmes puissances !
En l'appui de ton Dieu tu t'étois reposé :
De ton espoir frivole es-tu désabusé ?
Il laisse en mon pouvoir et son temple et ta vie.
Je devrois sur l'autel où ta main sacrifie
Te... Mais du prix qu'on m'offre il faut me contenter.
Ce que tu m'as promis songe à l'exécuter,
Cet enfant, ce trésor qu'il faut qu'on me remette,
Où sont-ils ?

JOAD.
    Sur-le-champ tu seras satisfaite :
Je te les vais montrer l'un et l'autre à-la-fois.

(Le rideau se tire. On voit Joas sur son trône ; sa nourrice est à genoux à sa droite ; Azarias, l'épée à la main, est debout à sa gauche ; et près de lui Zacharie et Salomith sont à genoux sur les degrés du trône ; plusieurs lévites, l'épée à la main, sont rangés sur les côtés.)

Paroissez, cher enfant, digne sang de nos rois.
Connois-tu l'héritier du plus saint des monarques,
Reine ? De ton poignard connois du moins ces marques.
Voilà ton roi, ton fils, le fils d'Ochozias.
Peuples, et vous, Abner, reconnoissez Joas.

ABNER.

Ciel !

ATHALIE, *à Joad.*

Perfide !

JOAD.

Vois-tu cette Juive fidèle
Dont tu sais bien qu'alors il suçoit la mamelle ?
Il fut par Josabeth à ta rage enlevé :
Ce temple le reçut, et Dieu l'a conservé.
Des trésors de David voilà ce qui me reste.

ATHALIE.

Ta fourbe à cet enfant, traître, sera funeste.
D'un fantôme odieux, soldats, délivrez-moi.

JOAD.

Soldats du Dieu vivant, défendez votre roi.

(Le fond du théâtre s'ouvre : on voit le dedans du temple ; et les lévites armés entrent de tous côtés sur la scène.)

## ACTE V.

**ATHALIE.**

Où suis-je? O trahison! ô reine infortunée!
D'armes et d'ennemis je suis environnée!

**JOAD.**

Tes yeux cherchent en vain, tu ne peux échapper,
Et Dieu de toutes parts a su t'envelopper.
Ce Dieu que tu bravois en nos mains t'a livrée :
Rends-lui compte du sang dont tu t'es enivrée.

**ATHALIE.**

Quoi! la peur a glacé mes indignes soldats!
Lâche Abner, dans quel piége as-tu conduit mes pas?

**ABNER.**

Reine, Dieu m'est témoin....

**ATHALIE.**

　　　　　　　Laisse là ton Dieu, traître,
Et venge-moi.

**ABNER**, *se jetant aux pieds de Joas.*

　　　　Sur qui? Sur Joas! sur mon maître!

**ATHALIE.**

Lui Joas! lui ton roi! Songez, méchants, songez
Que mes armes encor vous tiennent assiégés.
J'entends à haute voix tout mon camp qui m'appelle.
On vient à mon secours : tremblez, troupe rebelle!

## SCÈNE VI.

JOAS, ATHALIE, JOAD, ISMAEL, et tous
les acteurs de la scène précédente.

ISMAEL, *à Joad.*
Seigneur, le temple est libre et n'a plus d'ennemis :
L'étranger est en fuite, et le Juif est soumis.
Comme le vent dans l'air dissipe la fumée,
La voix du Tout-Puissant a chassé cette armée.
Nos lévites, du haut de nos sacrés parvis,
D'Ochozias au peuple ont annoncé le fils,
Ont conté son enfance au glaive dérobée,
Et la fille d'Achab dans le piége tombée.
Par-tout en même temps la trompette a sonné :
Et ses sons et leurs cris dans son camp étonné
Ont répandu le trouble et la terreur subite
Dont Gédéon frappa le fier Madianite.
Les Tyriens, jetant armes et boucliers,
Ont, par divers chemins, disparu les premiers ;
Quelques Juifs éperdus ont aussi pris la fuite ;
Mais, de Dieu sur Joas admirant la conduite,
Le reste à haute voix s'est pour lui déclaré.
Enfin, d'un même esprit tout le peuple inspiré,
Femmes, vieillards, enfants, s'embrassant avec joie,
Bénissent le Seigneur et celui qu'il envoie.

Tous chantent de David le fils ressuscité.
Baal est en horreur dans la sainte cité ;
De son temple profane on a brisé les portes ;
Mathan est égorgé.

ATHALIE.

Dieu des Juifs, tu l'emportes !
Oui, c'est Joas ; je cherche en vain à me tromper :
Je reconnois l'endroit où je le fis frapper ;
Je vois d'Ochozias et le port et le geste ;
Tout me retrace enfin un sang que je déteste.
David, David triomphe ; Achab seul est détruit.
Impitoyable Dieu, toi seul as tout conduit !
C'est toi qui, me flattant d'une vengeance aisée,
M'as vingt fois en un jour à moi-même opposée :
Tantôt pour un enfant excitant mes remords,
Tantôt m'éblouissant de tes riches trésors
Que j'ai craint de livrer aux flammes, au pillage.
Qu'il règne donc ce fils, ton soin et ton ouvrage ;
Et que, pour signaler son empire nouveau,
On lui fasse en mon sein enfoncer le couteau !
Voici ce qu'en mourant lui souhaite sa mère :
Que dis-je, souhaiter ! Je me flatte, j'espère
Qu'indocile à ton joug, fatigué de ta loi,
Fidèle au sang d'Achab qu'il a reçu de moi,
Conforme à son aïeul, à son père semblable,
On verra de David l'héritier détestable
Abolir tes honneurs, profaner ton autel,

Et venger Athalie, Achab, et Jézabel.
(*Athalie sort; les lévites la suivent.*)
### JOAD.
Qu'à l'instant hors du temple elle soit emmenée,
Et que la sainteté n'en soit pas profanée.
Allez, sacrés vengeurs de vos princes meurtris,
De leur sang par sa mort faire cesser les cris.
Si quelque audacieux embrasse sa querelle,
Qu'à la fureur du glaive on le livre avec elle.

## SCÈNE VII.

### JOAS, JOAD, JOSABETH, ABNER, ET TOUS LES ACTEURS DE LA SCÈNE PRÉCÉDENTE.

JOAS, *descendu de son trône.*
Dieu, qui voyez mon trouble et mon affliction,
Détournez loin de moi sa malédiction,
Et ne souffrez jamais qu'elle soit accomplie :
Faites que Joas meure avant qu'il vous oublie.
JOAD, *aux lévites.*
Appelez tout le peuple, et montrons-lui son roi :
Qu'il lui vienne en ses mains renouveler sa foi.
Roi, prêtres, peuple, allons, pleins de reconnoissance,
De Jacob avec Dieu confirmer l'alliance,
Et, saintement confus de nos égaremens,

Nous rengager à lui par de nouveaux serments.
Abner, auprès du roi reprenez votre place.

## SCÈNE VIII.

JOAS, JOAD, UN LÉVITE, ET TOUS LES ACTEURS
DE LA SCÈNE PRÉCÉDENTE.

JOAD, *au lévite*.
Hé bien ! de cette impie a-t-on puni l'audace ?
LE LÉVITE.
Le fer a de sa vie expié les horreurs.
Jérusalem, long-temps en proie à ses fureurs,
De son joug odieux à la fin soulagée,
Avec joie en son sang la regarde plongée.
JOAD.
Par cette fin terrible, et due à ses forfaits,
Apprenez, roi des Juifs, et n'oubliez jamais
Que les rois dans le ciel ont un juge sévère,
L'innocence un vengeur, et l'orphelin un père.

FIN D'ATHALIE.

# POESIES DIVERSES.

# LE PAYSAGE,

OU

PROMENADE DE PORT-ROYAL DES CHAMPS.

---

## ODE PREMIÈRE.

LOUANGE DE PORT-ROYAL EN GÉNÉRAL.

Saintes demeures du silence,
Lieux pleins de charmes et d'attraits,
Port où, dans le sein de la paix,
Régne la Grace et l'Innocence;
Beaux déserts qu'à l'envi des cieux,
De ses trésors plus précieux
   A comblé la nature,
Quelle assez brillante couleur
   Peut tracer la peinture
De votre adorable splendeur?

Les moins éclatantes merveilles
De ces plaines ou de ces bois,
Pourroient-elles pas mille fois

Épuiser les plus doctes veilles ?
Le soleil vit-il dans son cours
Quelque si superbe séjour
   Qui ne vous rende hommage ?
Et l'art des plus riches cités
   A-t-il la moindre image
De vos naturelles beautés ?

Je sais que ces grands édifices
Que s'élève la vanité,
Ne souillent point la pureté
De vos innocentes délices.
Non, vous n'offrez point à nos yeux
Ces tours qui, jusque dans les cieux,
   Semblent porter la guerre,
Et qui, se perdant dans les airs,
   Vont encor sous la terre
Se perdre dedans les enfers.

Tous ces bâtiments admirables,
Ces palais par-tout si vantés,
Et qui sont comme cimentés
Du sang des peuples misérables ;
Enfin, tous ces augustes lieux,
Qui semblent faire autant de dieux
   De leurs maîtres superbes,
Un jour trébuchant avec eux,

Ne seront sur les herbes
Que de grands sépulcres affreux.

Mais toi, solitude féconde,
Tu n'as rien que de saints attraits,
Qui ne s'effaceront jamais
Que par l'écroulement du monde :
L'on verra l'émail de tes champs
Tant que la nuit, de diamants
   Sèmera l'hémisphère ;
Et tant que l'astre des saisons
   Dorera sa carrière,
L'on verra l'or de tes moissons.

Que si, parmi tant de merveilles,
Nous ne voyons point ces beaux ronds,
Ces jets où l'onde, par ses bonds,
Charme les yeux et les oreilles,
Ne voyons-nous pas dans tes prés,
Se rouler sur des lits dorés
   Cent flots d'argent liquide,
Sans que le front du laboureur,
   A leur course rapide,
Joigne les eaux de sa sueur ?

La nature est inimitable ;
Et quand elle est en liberté,

Elle brille d'une clarté
Aussi douce que véritable.
C'est elle qui, sur ces vallons,
Ces bois, ces prés, et ces sillons,
　　Signe sa puissance;
C'est elle par qui leurs beautés,
　　Sans blesser l'innocence,
Rendent nos yeux comme enchantés.

## ODE II.

### LE PAYSAGE EN GROS.

Que je me plais sur ces montagnes,
Qui, s'élevant jusques aux cieux,
D'un diadème gracieux
Couronnent ces belles campagnes!
O Dieu, que d'objets ravissants
S'y viennent offrir à mes sens!
　　De leurs riches vallées,
Quel amas brillant et confus,
　　De beautés rassemblées,
Éblouit mes yeux éperdus!

De là j'aperçois les prairies,
Sur les plaines et les coteaux,
Parmi les arbres et les eaux,
Étaler leurs pompes fleuries.
Deçà je vois les pampres verts
Enrichir cent tertres divers
  De leurs grappes fécondes;
Et là les prodigues guérets,
  De leurs javelles blondes,
Border les prés et les forêts.

Dessus ces javelles fertiles,
  Dessus cet or tout mouvant,
Je vois aussi l'air et le vent
Promener leurs souffles tranquilles;
Et comme on voit l'onde en repos,
Souvent refriser de ses flots
  La surface inconstante,
Je vois de ces pompeux sillons
  La richesse flottante
Ondoyer dessus ces vallons.

Je vois ce sacré sanctuaire,
Ce grand temple, ce saint séjour
Où Jésus encor chaque jour
S'immole pour nous à son père.
Muse, c'est à ce doux Sauveur

Que je dois consacrer mon cœur,
  Mes travaux et mes veilles :
C'est lui de qui le puissant bras
  Fit toutes ces merveilles
Qui nous fournissent tant d'appas.

Ainsi d'un facile langage,
L'on voit ce temple spacieux
S'élevant dessus tous les lieux,
Leur demander un humble hommage,
Et semble aller au firmament,
Publier encor hautement
  A ces sphères roulantes,
Qu'ainsi qu'en l'azur lumineux
  De leurs voûtes brillantes,
Dieu loge en son sein bienheureux.

Je vois ce cloître vénérable,
Ces beaux lieux du ciel bien aimés,
Qui, de cent temples animés,
Cachent la richesse adorable.
C'est dans ce chaste paradis
Que règne en un trône de lis
  La virginité sainte :
C'est là que mille anges mortels,
  D'une éternelle plainte,
Gémissent aux pieds des autels.

Sacrés palais de l'innocence,
Astres vivants, chœurs glorieux,
Qui faites voir de nouveaux cieux
Dans ces demeures de silence,
Non, ma plume n'entreprend pas
De tracer ici vos combats,
　Vos jeûnes et vos veilles :
Il faut, pour en bien révérer
　Les augustes merveilles,
Et les taire et les adorer.

Je vois les altières futaies,
De qui les arbres verdoyants,
Dessous leurs grands bras ondoyants,
Cachent les buissons et les haies :
L'on diroit même que les cieux
Posent sur ces audacieux
　Leur pesante machine,
Et qu'eux, d'un orgueil nompareil,
　Prêtent leur forte échine
A ces grands trônes du soleil.

Je vois les fruitiers innombrables
Tantôt rangés en espaliers,
Tantôt ombrager les sentiers
De leurs richesses agréables.
Mais allons dans tous ces beaux lieux

Voir, d'un regard plus curieux,
　　Leur pompe renfermée ;
Et vous, souffrez, riches déserts,
　　Que mon ame charmée
Contemple vos trésors divers.

# ODE III.

### DESCRIPTION DES BOIS.

Que ces vieux royaumes des ombres,
Ces grands bois, ces noires forêts,
Cachent de charmes et d'attraits
Dessous leurs feuillages si sombres !
C'est dans ce tranquille séjour
Que l'on voit régner nuit et jour
　　La paix et le silence ;
C'est là qu'on dit que nos aïeux,
　　Au siècle d'innocence,
Goûtoient les délices des cieux.

C'est là que cent longues allées
D'arbres toujours riches et verts,
Se font voir en cent lieux divers,

Droites, penchantes, étoilées.
Je vois mille troncs sourcilleux
Soutenir le faîte orgueilleux
   De leurs voûtes tremblantes;
Et l'on diroit que le saphir,
   De deux portes brillantes
Ferme ces vrais lieux de plaisir.

C'est sous ces épaisses feuillées
Que l'on voit les petits oiseaux,
Ces chantres si doux et si beaux,
Errer en troupes émaillées;
C'est là que ces hôtes pieux,
Par leurs concerts harmonieux,
   Enchantent les oreilles,
Et qu'ils célèbrent sans souci
   Les charmantes merveilles
De ces lieux qu'ils ornent aussi.

Là, d'une admirable structure,
On les voit suspendre ces nids;
Ces cabinets si bien bâtis,
Dont l'art étonne la nature;
Là, parfois, l'un sur son rameau
Entraîne le petit fardeau
   D'une paille volante;
L'autre console, en trémoussant,

Sa famille dolente,
De quelque butin ravissant.

Là, l'on voit la biche légère,
Loin du sanguinaire aboyeur,
Fouler, sans crainte et sans frayeur,
Le tendre émail de la fougère.
Là, le chevreuil champêtre et doux
Bondit aussi dessus les houx,
    En courses incertaines;
Là, les cerfs, ces arbres vivants,
    De leurs bandes hautaines,
Font cent autres grands bois mouvants.

C'est là qu'avec de doux murmures
L'on entend les petits Zéphirs,
De qui les tranquilles soupirs
Charment les peines les plus dures.
C'est là qu'on les voit tour-à-tour
Venir baiser avec amour
    La feuille tremblante;
Là, pour joindre aux chants des oiseaux
    Leur musique éclatante,
Ils concertent sur les rameaux.

Là, cette chaleur violente
Qui, dans les champs et les vallons,

Brûlé les avides sillons,
Se fait voir moins fière et plus lente.
L'œil du monde voit à regret
Qu'il ne peut percer le secret
 De ces lieux pleins de charmes :
Plus il y lance de clartés,
  Plus il leur donne d'armes
Contre ses brûlantes beautés.

## ODE IV.

### L'ÉTANG.

Que c'est une chose charmante
De voir cet étang gracieux,
Où, comme en un lit précieux,
L'onde est toujours calme et dormante !
Mes yeux, contemplons de plus près
Les inimitables portraits
 De ce miroir humide ;
Voyons bien les charmes puissants
 Dont sa glace liquide
Enchante et trompe tous les sens.

Déja je vois sous ce rivage
La terre jointe avec les cieux,

Faire un chaos délicieux
Et de l'onde et de leur image.
Je vois le grand astre du jour
Rouler, dans ce flottant séjour,
   Le char de la lumière ;
Et, sans offenser de ses feux
   La fraîcheur coutumière,
Dorer son cristal lumineux.

Je vois les tilleuls et les chênes,
Ces géants de cent bras armés,
Ainsi que d'eux-mêmes charmés,
Y mirer leurs têtes hautaines ;
Je vois aussi leurs grands rameaux
Si bien tracer dedans les eaux
   Leur mobile peinture,
Qu'on ne sait si l'onde, en tremblant,
   Fait trembler leur verdure,
Ou plutôt l'air même et le vent.

Là, l'hirondelle voltigeante,
Rasant les flots clairs et polis,
Y vient, avec cent petits cris,
Baiser son image naissante.
Là, mille autres petits oiseaux
Peignent encore dans les eaux
   Leur éclatant plumage :

L'œil ne peut juger au-dehors
  Qui vole ou bien qui nage
De leurs ombres et de leurs corps.

Quelles richesses admirables
N'ont point ces nageurs marquetés,
Ces poissons aux dos argentés,
Sur leurs écailles agréables !
Ici je les vois s'assembler,
Se mêler et se démêler
  Dans leur couche profonde;
Là, je les vois, ( Dieu ! quels attraits ! )
  Se promenant dans l'onde,
Se promener dans les forêts.

Je les vois, en troupes légères,
S'élancer de leur lit natal;
Puis tombant, peindre en ce cristal
Mille couronnes passagères.
L'on diroit que, comme envieux
De voir nager dedans ces lieux
  Tant de bandes volantes,
Perçant les remparts entr'ouverts
  De leurs prisons brillantes,
Ils veulent s'enfuir dans les airs.

Enfin, ce beau tapis liquide

Semble enfermer entre ses bords
Tout ce que vomit de trésors
L'Océan sur un sable aride :
Ici l'or et l'azur des cieux
Font, de leur éclat précieux,
 Comme un riche mélange;
Là, l'émeraude des rameaux,
 D'une agréable frange,
Entoure le cristal des eaux.

Mais quelle soudaine tourmente,
Comme de beaux songes trompeurs,
Dissipant toutes les couleurs,
Vient réveiller l'onde dormante?
Déja ses flots entre-poussés
Roulent cent monceaux empressés
 De perles ondoyantes,
Et n'étalent pas moins d'attraits
 Sur leurs vagues bruyantes,
Que dans leurs tranquilles portraits.

## ODE V.

### LES PRAIRIES.

Mon Dieu, que ces plaines charmantes,
Ces grands prés si beaux et si verts,
Nous présentent d'appas divers
Parmi leurs richesses brillantes !
Ce doux air, ces vives odeurs,
Le pompeux éclat de ces fleurs
   Dont l'herbe se colore,
Semble-t-il pas dire à nos yeux
   Que le palais de Flore
Se fait voir vraiment en ces lieux ?

C'est là qu'on entend le murmure
De ces agréables ruisseaux,
Qui joignent leurs flots et les eaux
Au vif émail de la verdure.
C'est là qu'en paisibles replis,
Dans les beaux vases de leurs lits,
   Ils arrosent les herbes,
Et que leurs doux gazouillements,

De leurs ondes superbes
Bravent les bruits les plus charmants.

Je les vois, au haut des montagnes,
Venir, d'un cours précipité,
Offrir leur tribut argenté
Dans le beau sein de ces campagnes;
Et là, d'un pas respectueux,
Traîner en cercles tortueux
   Leurs sources vagabondes;
Et, comme charmés des beautés
   De ces plaines fécondes,
S'y répandre de tous côtés.

Là, ces Méandres agréables,
Descendant, et puis remontant,
Font, dans leur voyage inconstant,
Cent labyrinthes délectables.
Souvent leurs flots, en s'entr'ouvrant,
. . . . . . . . . . . . . . . .[1]
   Font cent îles fleuries;
Tantôt, quittant leur lit natal,
   Ils bordent les prairies
D'une ceinture de cristal.

---

[1] Ce vers manque dans le manuscrit.

Là, quand le jour rapporte au monde
Le beau tribut de sa clarté,
Et que l'ombre et l'obscurité
Rentrent dans leur grotte profonde;
Là, dis-je, des portes du ciel,
On voit de perles et de miel
   Choir une riche pluie,
Et Flore, pour ce doux trésor,
   Ouvrir, toute ravie,
Cent petits bassins d'ambre et d'or.

Là, l'on voit aussi sur les herbes
Voltiger ces vivantes fleurs,
Les papillons dont les couleurs
Sont si frêles et si superbes :
C'est là qu'en escadrons divers,
Ils répandent dedans les airs
   Mille beautés nouvelles,
Et que les essaims abusés
   Vont chercher sous leurs ailes
Les pleurs que l'Aurore a versés.

C'est là qu'en nombreuses allées
L'on voit mille saules épais,
De remparts superbes et frais
Ceindre ces plaines émaillées :
Oui, je les vois de tous côtés,

En laissant l'éclat argenté
De leurs feuillages sombres,
Comme vouloir à ces ruisseaux,
Qui dorment sous leurs ombres,
Faire d'officieux rideaux.

## ODE VI.

DES TROUPEAUX, ET D'UN COMBAT DE TAUREAUX.

C'est dans ces campagnes fleuries
Qu'on voit mille troupeaux errants,
Aller, en cent lieux différents,
Ronger les trésors des prairies :
Les uns, charmés par leur aspect,
En retirent avec respect
Leurs dents comme incertaines ;
Les autres, d'un cours diligent,
Vont boire en ces fontaines,
Qui semblent des coupes d'argent.

Là, l'on voit les grasses génisses,
Se promenant à pas comptés,
Par des cris cent fois répétés,

Témoigner leurs chastes délices ;
Là, les brebis sur des buissons,
Font pendre cent petits flocons
   De leur neige luisante ;
Les agneaux aussi, bondissant
   Sur la fleur renaissante,
Lui rendent leur culte innocent.

Là, l'on voit, en troupes superbes,
Les jeunes poulains indomptés,
Dessous leurs pas précipités,
Faire à peine courber les herbes :
Je vois ces jeunes furieux,
Qui semblent menacer les cieux,
   D'une tête hautaine,
Et par de fiers hennissements,
   S'élançant sur la plaine,
Défier les airs et les vents.

Mais quelle horrible violence
Pousse ces taureaux envieux
A troubler la paix de ces lieux
Sacrés aux charmes du silence ?
Déja, transportés de courroux,
Et sous leurs pieds et sous leurs coups,
   Ils font gémir la terre ;
Déja leur mugissante voix,

Comme un bruyant tonnerre,
Fait trembler les monts et les bois.

Je vois déja leur poil qui fume,
Leurs yeux semblent étincelants ;
Leurs gosiers secs et pantelants
Jettent plus de feu que d'écume ;
La rage excite leur vigueur ;
Le vaincu redevient vainqueur ;
Tout coup fait sa blessure :
Leur front entr'ouvert et fendu
Fait rougir la verdure,
D'un sang pêle-mêle épandu.

Parfois, l'un, fuyant en arrière,
Se fait voir plus foible et plus lent ;
Et puis revient, plus violent,
Décharger son âpre colère :
De même un torrent arrêté,
D'abord suspend sa fierté,
Remonte vers sa source,
Et puis, redoublant en fureur,
Son indomptable course
Traîne le ravage et l'horreur.

Pendant cette rude tempête,
L'on voit les timides troupeaux

Attendre qui, des deux rivaux,
Les doit faire enfin sa conquête ;
Mais déja l'un, tout glorieux,
Fait, d'un effort victorieux,
 Triompher sa furie ;
L'autre, morne et plein de douleur,
 Va, loin de la prairie,
Cacher sa honte et son malheur.

Mais quittons ces tristes spectacles,
Qui n'offrent rien que d'odieux,
Pour aller visiter des lieux
Où l'on ne voit que des miracles.
Muse, si ce combat affreux
T'a presque fait, malgré mes vœux,
 Abandonner ces plaines,
Viens dans ces jardins, non de fleurs
 Inutiles et vaines,
Mais d'inestimables douceurs.

## ODE VII.

#### LES JARDINS.

Mes yeux, pourrai-je bien vous croire ?
Suis-je éveillé ? Vois-je un jardin ?
N'est-ce point quelque songe vain
Qui me place en ce lieu de gloire ?
Je vois comme de nouveaux cieux
Où mille astres délicieux
   Répandent leur lumière,
Et semble qu'en ce beau séjour
   La terre est héritière
De tous ceux qu'a chassés le jour.

Déja sur cette riche entrée
Je vois les pavis rougissants
Étaler les rayons luisants
De leur belle neige empourprée.
Dieu ! quels prodiges inouïs !
Je vois naître dessus les lis
   L'incarnat de la rose,
Je vois la flamme et sa rougeur

Dessus la neige éclose,
Embellir même la blancheur.

Je vois cette pomme éclatante,
Ou plutôt ce petit soleil,
Ce doux abricot sans pareil,
Dont la couleur est si charmante.
Fabuleuses antiquités,
Ne nous vantez plus les beautés
  De vos pommes dorées :
J'en vois qui, d'un or gracieux
  Également parées,
Ravissent le goût et les yeux.

Je vois, sous la sombre verdure,
Ces deux fruits brillants et pompeux,
Parer les murs, comme orgueilleux
D'une inimitable bordure ;
C'est là qu'heureusement pressés,
Et l'un près de l'autre entassés
  Sur cent égales chaînes,
Ils semblent faire avec éclat,
  De leurs branches hautaines,
Cent sillons d'or et d'incarnat.

Je viens à vous, arbres fertiles,
Poiriers de pompe et de plaisirs,

Pour qui nos vœux et nos desirs
Jamais ne se sont vus stériles :
Soit vous qui, sans chercher d'appui,
Voyez sous vos superbes fruits
  Se courber vos branchages,
Soit vous qui des riches habits
  De vos tremblants feuillages
Faites de si vastes tapis.

Mais quelle assez vive peinture
Suffit pour tracer dignement
Tout le pompeux ameublement
Dont vous a paré la nature?
Vous ne présentez à nos yeux
Que les fruits les plus précieux
  Qu'ait cultivés Pomone;
Ils ont eu le lis pour berceau,
  L'émeraude est leur trône,
L'or et la pourpre leur manteau.

Je les vois, par un doux échange,
Ici mûris, et là naissants,
De leurs fruits blonds et verdissants
Faire un agréable mélange;
J'en vois même dedans leur fleur
Garder encore la splendeur
De leur blanche couronne,

Et joindre l'espoir du printemps
   Aux beaux fruits dont l'automne
Rend nos vœux à jamais contents.

Je sais quelle auguste matière
Pouvoit sur mes sombres crayons
Jeter encore les rayons
De son éclatante lumière ;
Mais déja l'unique flambeau,
Allant se plonger dedans l'eau,
   A fait place aux ténèbres ;
Et les étoiles, à leur tour,
   Comme torches funèbres,
Font les funérailles du jour.

J'entends l'innocente musique
Des flûtes et des chalumeaux
Saluer l'ombre en ces hameaux
D'une sérénade rustique :
L'ombre qui, par ses doux pavots,
Venant enfin faire aux travaux
   Une paisible guerre,
Fait que ces astres précieux,
   Pâlissant sur la terre,
Semblent retourner dans les cieux.

**FIN DU PAYSAGE DE PORT-ROYAL.**

# ODES.

## I.

## LA NYMPHE DE LA SEINE

### A LA REINE.

(1660.)

Grande reine, de qui les charmes
S'assujettissent tous les cœurs,
Et, de nos discordes vainqueurs,
Pour jamais ont tari nos larmes;
Princesse, qui voyez soupirer dans vos fers
Un roi qui de son nom remplit tout l'univers,
Et, faisant son destin, faites celui du monde,
Régnez, belle THÉRÈSE, en ces aimables lieux
Qu'arrose le cours de mon onde,
Et que doit éclairer le feu de vos beaux yeux.

Je suis la Nymphe de la Seine :
C'est moi dont les illustres bords
Doivent posséder les trésors
Qui rendoient l'Espagne si vaine.
Ils sont des plus grands rois l'agréable séjour;

Ils le sont des plaisirs, ils le sont de l'amour.
Il n'est rien de si doux que l'air qu'on y respire.
Je reçois les tributs de cent fleuves divers;
  Mais de couler sous votre empire,
C'est plus que de régner sur l'empire des mers.

  Oh! que bientôt sur mon rivage
  On verra luire de beaux jours!
  Oh! combien de nouveaux Amours
  Me viennent des rives du Tage!
Que de nouvelles fleurs vont naître sous vos pas!
Que je vois après vous de graces et d'appas
Qui s'en vont amener une saison nouvelle!
L'air sera toujours calme, et le ciel toujours clair;
  Et près d'une saison si belle
L'âge d'or seroit pris pour un siécle de fer.

  Oh! qu'après de rudes tempêtes
  Il est agréable de voir
  Que les Aquilons, sans pouvoir,
  N'osent plus gronder sur nos têtes!
Que le repos est doux après de longs travaux!
Qu'on aime le plaisir qui suit beaucoup de maux!
Qu'après un long hiver le printemps a de charmes
Aussi, quoique ma joie excéde mes souhaits,
  Qui n'auroit point senti d'alarmes
Pourroit-il bien juger des douceurs de la paix?

J'avois perdu toute espérance,
Tant chacun croyoit malaisé
Que jamais le ciel apaisé
Dût rendre le calme à la France :
Mes champs avoient perdu leurs moissons et leurs fleurs ;
Je roulois dans mon sein moins de flots que de pleurs ;
La tristesse et l'effroi dominoient sur mes rives ;
Chaque jour m'apportoit quelques malheurs nouveaux ;
Mes nymphes pâles et craintives
A peine s'assuroient dans le fond de mes eaux.

De tant de malheurs affligée,
Je parus un jour sur mes bords,
Pensant aux funestes discords
Qui m'ont si long-temps outragée ;
Lorsque d'un vol soudain je vis fondre des cieux
Amour, qui me flattant de la voix et des yeux :
« Triste Nymphe, dit-il, ne te mets plus en peine ;
« Je te prépare un sort si charmant et si doux,
« Que bientôt je veux que la Seine
« Rende tout l'univers de sa gloire jaloux.

« Je t'amène, après tant d'années,
« Une paix de qui les douceurs,
« Sans aucun mélange de pleurs,
« Feront couler tes destinées.
« Mais ce qui doit passer tes plus hardis souhaits,

« Une reine viendra sur les pas de la paix.
« Comme on voit le soleil marcher après l'aurore,
« Des rives du couchant elle prendra son cours,
    « Et cet astre surpasse encore
« Celui que l'Orient voit naître tous les jours.


    « Non que j'ignore la vaillance
    « Et les miracles de ton roi;
    « Et que, dans ce commun effroi,
    « Je doive craindre pour la France.
« Je sais qu'il ne se plaît qu'au milieu des hasards;
« Que livrer des combats et forcer des remparts
« Sont de ses jeunes ans les délices suprêmes.
« Je sais tout ce qu'a fait son bras victorieux;
    « Et que plusieurs de nos dieux mêmes
« Par de moindres exploits ont mérité les cieux.


    « Mais c'est trop peu pour son courage
    « De tous ces exploits inouïs :
    « Il faut désormais que Louis
    « Entreprenne un plus grand ouvrage.
« Il n'a que trop tenté le hasard des combats;
« L'Espagne sait assez la valeur de son bras;
« Assez elle a fourni de lauriers à sa gloire :
« Il faut qu'il en exige autre chose en ce jour,
    « Et que, pour dernière victoire,
« Elle fournisse encore un myrte à son amour.

« Thérèse est l'illustre conquête
« Où doivent tendre tous ses vœux :
« Jamais un myrte plus fameux
« Ne sauroit couronner sa tête.
« Le ciel, qui les avoit l'un pour l'autre formés,
« Voulut que d'un même or leurs jours fussent tramés.
« Elle est digne de lui, comme il est digne d'elle.
« Des reines et des rois chacun est le plus grand ;
« Et jamais conquête si belle
« Ne mérita les vœux d'un si grand conquérant.

« A son exemple, tous les princes
« Ne songeront plus désormais
« Qu'à faire refleurir la paix
« Et le calme dans leurs provinces.
« L'abondance par-tout ramènera les jeux :
« Les regrets et les soins s'enfuiront devant eux ;
« Toutes craintes seront pour jamais étouffées.
« Les glaives renfermés ne verront plus le jour,
« Ou bien se verront en trophées,
« Par les mains de la Paix, consacrés à l'Amour.

« Cependant Louis et Thérèse
« Passeront leur âge en ces lieux ;
« Et, plus satisfaits que les dieux,
« Boiront le nectar à leur aise.
« Je leur ferai cueillir, par de longues faveurs,

« Tout ce que mon empire a de fruits et de fleurs ;
« Je bannirai loin d'eux tout sujet de tristesse ;
« Je serai dans leur cœur, je serai dans leurs yeux ;
  « Et c'est pour les suivre sans cesse
« Que tu me vois quitter la demeure des cieux.

  « Les plaisirs viendront sur mes traces
  « Charmer tes peuples réjouis.
  « La Victoire suivra Louis,
  « Thérèse amènera les Graces.
« Les dieux mêmes viendront passer ici leurs jours.
« Ton repos en durée égalera ton cours.
« Mars de ses cruautés n'y fera plus d'épreuves ;
« La gloire de ton nom remplira l'univers ;
  « Et la Seine, sur tous les fleuves,
« Sera ce que Thétis est sur toutes les mers.

  « Mais il est temps que je me rende
  « Vers le bel astre de ton roi ;
  « Adieu, Nymphe, console-toi
  « Sur une espérance si grande.
« Thérèse va venir, ne répands plus de pleurs ;
« Prépare seulement des lauriers et des fleurs,
« Afin d'en faire hommage à sa beauté suprême. »
Ainsi finit Amour, me laissant à ces mots ;
  Et je courus, à l'heure même,
Conter mon aventure aux Nymphes de mes flots.

Oh dieux ! que la seule pensée
De voir un astre si charmant
Leur fit oublier promptement
Toute leur misère passée !
Que le Tage souffrit ! quels furent ses transports
Quand l'Amour lui ravit l'ornement de ses bords !
Et que pour lui la guerre eût été moins à craindre !
Ses Nymphes, de regret, prirent toutes le deuil ;
Et si leurs jours pouvoient s'éteindre,
La douleur auroit pu les conduire au cercueil.

Ce fut alors que les nuages
Dont nos jours étoient obscurcis
Devant vous furent éclaircis,
Et n'enfantèrent plus d'orages.
Nos maux de votre main eurent leur guérison ;
Vos yeux d'un nouveau jour peignirent l'horizon ;
La terre, sous vos pas, devint même fertile.
Le soleil, étonné de tant d'effets divers,
Eut peur de se voir inutile,
Et qu'un autre que lui n'éclairât l'univers.

L'impatiente Renommée,
Ne pouvant cacher ses transports,
Vint m'entretenir sur ces bords
De l'objet qui l'avoit charmée.
Oh dieux ! que ses discours accrurent mes desirs !

Que je sentis dès-lors de joie et de plaisirs
A vous ouïr nommer si charmante et si belle !
Sa voix seule arrêta la course de mes eaux ;
    Les Zéphyrs, en foule autour d'elle,
Cessèrent pour l'ouïr d'agiter mes roseaux.

    Tout l'or dont se vante le Tage,
    Tout ce que l'Inde sur ses bords
    Vit jamais briller de trésors,
    Sembloit être sur mon rivage.
Qu'étoit-ce toutefois de ce grand appareil,
Dès qu'on jetoit les yeux sur l'éclat nompareil
Dont vos seules beautés vous avoient entourée ?
Je sais bien que Junon parut moins belle aux dieux,
    Et moins digne d'être adorée,
Lorsqu'en nouvelle reine elle entra dans les cieux.

    Régnez donc, princesse adorable,
    Sans jamais quitter le séjour
    De ce beau rivage, où l'Amour
    Vous doit être si favorable.
Si l'on en croit ce dieu, vous y devez cueillir
Des roses que sa main gardera de vieillir,
Et qui d'aucun hiver ne craindront l'insolence ;
Tandis qu'un nouveau Mars, sorti de votre sein,
    Ira couronner sa vaillance
De la palme qui croît aux rives du Jourdain.

## II.

## SUR LA CONVALESCENCE DU ROI.

### 1663 [1].

Revenez, troupes fugitives,
Plaisirs, Jeux, Graces, Ris, Amours,
Qui croyiez déja sur nos rives
Entendre le bruit des tambours :
Louis vit ; et la perfidie
De l'insolente maladie
Qui l'avoit osé menacer,
Pareille à ces coups de tonnerre
Qui ne font que bruire et passer,
N'a fait qu'épouvanter la terre.

Mais vous ne sauriez vous résoudre
A venir sitôt en des lieux;
Où vous avez cru que la foudre
Étoit prête à tomber des cieux;
Et, dans la frayeur où vous êtes,

[1] Cette ode fut composée à l'occasion de la rougeole dont Louis XIV fut attaqué le 9 juin 1663.

## SUR LA CONVALESCENCE

Vous avez beau voir sur vos têtes
Le ciel tout-à-fait éclairci,
Vous ne vous rassurez qu'à peine,
Et n'osez plus paroître ici
Que Louis ne vous y ramène.

Tel, sur l'empire de Neptune,
Paroît le timide nocher
Qu'un excès de bonne fortune
A sauvé d'un affreux rocher :
Ses yeux, où la mort paroît peinte,
Regardent long-temps avec crainte
L'horrible sommet de l'écueil ;
Et le voyant si redoutable,
Il tremble encore ; et le cercueil
Lui paroît presque inévitable.

Mais, à moins que d'être insensible,
Pouvoit-on n'être point troublé ?
Malgré leur constance invincible,
Les Vertus mêmes ont tremblé :
Elles craignoient que l'Injustice,
Levant toute barrière au Vice,
Ne leur fît des maux inouïs ;
Et sous la conduite d'Astrée,
Si nous eussions perdu Louis,
Alloient quitter cette contrée.

Vous savez que s'il vous caresse
Pour se délasser quelquefois,
Il donne toute sa tendresse
Aux vertus dignes des grands rois ;
Et qu'il suit bien d'autres maximes
Que ces princes peu magnanimes,
Qui n'aspirent à rien de beau,
Qu'un honteux loisir empoisonne,
Et qu'on voit descendre au tombeau
Sans être pleurés de personne.

En cette aventure funeste,
Tout le monde a versé des pleurs ;
Jamais la colère céleste
N'avoit plus effrayé les cœurs :
Non pas même au temps de nos pères,
Lorsque les destins trop sévères
Éteignirent ce beau soleil,
Henri, dont l'éclat admirable
Promettoit un siècle pareil
A celui que chante la fable.

Ce que ni l'aïeul ni le père
N'ont point fait au siècle passé,
Aujourd'hui la France l'espère
Du grand roi qu'ils nous ont laissé :
Et si la Fortune irritée,

Par une fin précipitée
Eût traversé notre repos,
Nous pourrions bien dire à cette heure
Que le ciel donne les héros
Seulement afin qu'on les pleure.

Je sais que sa gloire devance
Le cours ordinaire du temps,
Et que sa merveilleuse enfance
Est pleine d'exploits éclatants;
Qu'il a plus forcé de murailles,
Plus gagné d'illustres batailles,
Que n'ont fait les plus vieux guerriers :
Aussi les Parques étonnées
Croyoient, en comptant ses lauriers,
Qu'il avoit vécu trop d'années.

Mais enfin, quoique la Victoire
S'empresse à le couvrir d'honneur,
Il n'est point content de sa gloire,
S'il n'achève notre bonheur :
Il veut que par toute la France
La paix ramène l'abondance,
Et prévienne tous nos besoins ;
Que les biens nous cherchent en foule,
Et que sans murmures ni soins
Son aimable règne s'écoule.

Qu'il vive donc, et qu'il jouisse
Des fruits de sa haute valeur :
Que devant lui s'évanouisse
Toute apparence de douleur·
Qu'auprès des beaux yeux de Thérèse
Son grand cœur respire à son aise,
Et que de leurs chastes amours
Naisse une famille féconde
A qui, comblé d'heur et de jours,
Il puisse partager le monde.

Et vous, conspirez à sa joie,
Amours, Jeux, Ris, Graces, Plaisirs,
Et que chacun de vous s'emploie
A satisfaire ses desirs :
Empêchez que son grand courage,
Qui dans mille travaux l'engage,
Ne le fasse trop tôt vieillir :
Rendez ses beaux jours toujours calmes,
Et faites-lui toujours cueillir
Autant de roses que de palmes.

## III.

## LA RENOMMÉE AUX MUSES.

### 1663.

On alloit oublier les filles de Mémoire ;
    Et, parmi les mortels,
L'Ignorance et l'Erreur alloient ternir leur gloire,
    Et briser leurs autels :

Il falloit qu'un héros, de qui la terre entière
    Admire les exploits,
Leur offrît un asile, et fournît de matière
    A leurs divines voix.

Elles étoient au ciel ; et la Nymphe qui vole
    Et qui parle toujours
Ne les vit pas plus tôt, qu'elle prit la parole,
    Et leur tint ce discours :

« Puisqu'un nouvel Auguste aux rives de la Seine
    « Vous appelle en ce jour,

## AUX MUSES.

« Muses, pour voir Louis, abandonnez sans peine
  « Le céleste séjour.

« Aussi-bien voyez-vous que plusieurs des dieux même,
  « De sa gloire éblouis,
« Prisent moins le nectar que le plaisir extrême
  « D'être auprès de Louis.

« A peine marchoit-il, que la fille sacrée
  « Qui se plaît aux combats,
« Et Thémis, qui préside aux balances d'Astrée,
  « Conduisirent ses pas.

« Les Vertus, qui dès-lors suivirent leur exemple,
  « Virent avec plaisir
« Que le cœur de Louis étoit le plus beau temple
  « Qu'elles pussent choisir.

« Aussi prompte que tout, nous vîmes la Victoire
  « Suivre ses étendards,
« Jurant qu'à si haut point elle mettroit sa gloire,
  « Qu'on le prendroit pour Mars.

« On sait qu'elle marchoit devant cet Alexandre,
  « Et que, plus d'une fois,
« Elle arrêta la Paix toute prête à descendre
  « Sur l'empire françois.

« Mais enfin ce héros, plus craint que le tonnerre,
  « Après tant de hauts faits,
« A trouvé moins de gloire à conquérir la terre
  « Qu'à ramener la Paix.

« Ainsi, près de Louis, cette aimable déesse
  « Établit son séjour ;
« Et de mille autres dieux, qui la suivent sans cesse,
  « Elle peupla sa cour.

« Entre les déités dont l'immortelle gloire
  « Parut en ces bas lieux,
« On vit venir Thérèse : et sa beauté fit croire
  « Qu'elle venoit des cieux.

« Vous-même, en la voyant, avouerez que l'aurore
  « Jette moins de clartés,
« Eût-elle tout l'éclat et les habits encore
  « Dont vous la revêtez.

« Mais, quoique dans la paix Louis semble se plaire,
  « Quel orgueil aveuglé
« Osera s'exposer aux traits de sa colère
  « Sans en être accablé ?

« Ah ! si ce grand héros vous paroît plein de charmes
  « Dans le sein de la Paix,

# AUX MUSES.

» Que vos yeux le verront terrible sous les armes,
« S'il les reprend jamais !

« Vous le verrez voler, plus vite que la foudre,
« Au milieu des hasards,
« Faire ouvrir les cités, ou renverser en poudre
« Leurs superbes remparts.

« Qu'il fera beau chanter tant d'illustres merveilles
« Et de faits inouïs !
« Et qu'en si beau sujet vous plairez aux oreilles
« Des peuples de Louis !

« Songez de quelle ardeur vous serez échauffées,
« Quand, pour vous écouter,
« Vous trouverez ce prince à l'ombre des trophées
« Qu'il viendra de planter !

« Ainsi le grand Achille, assis près des murailles
« Où l'on pleuroit Hector,
« De ses braves aïeux écoutoit les batailles,
« Et les siennes encor.

« Quoi que fasse Louis, soit en paix, soit en guerre,
« Il vous peut inspirer
« Des chants harmonieux qui de toute la terre
« Vous feront admirer.

« Qu'on ne nous parle plus de l'amant d'Eurydice :
« Quoi qu'on dise de lui,
« Le Strymon n'a rien vu que la Seine ne puisse
« Voir encore aujourd'hui.

« Je vous promets bien plus : la Fortune, sensible
« A des charmes si doux,
« Laissera désormais la rigueur inflexible
« Qu'elle eut toujours pour vous.

« En vain de vos lauriers on se paroit la tête ;
« Et vos chantres fameux
« Étoient les plus sujets aux coups de la tempête,
« Et les plus malheureux.

« C'est en vain qu'autrefois les lions et les arbres
« Vous suivoient pas à pas :
« La Fortune, toujours plus dure que les marbres,
« Ne s'en émouvoit pas.

« Mais ne la craignons plus : Louis contre sa haine
« Vous protége aujourd'hui ;
« Et, près de cet Auguste, un illustre Mécène [1]
« Vous promet son appui.

[1] Le grand Colbert.

# AUX MUSES.

« Les soins de ce grand homme apaiseront la rage
« De vos fiers ennemis ;
« Et, quoi qu'il vous promette, il fera davantage
« Qu'il ne vous a promis.

« Venez donc, puisqu'enfin vous ne sauriez élire
« Un plus charmant séjour
« Que d'être auprès d'un roi dont le mérite attire
« Tant de dieux à sa cour.

« Moi-même auprès de lui je ferois ma demeure,
« Si ses exploits divers
« Ne me contraignoient pas de voler à toute heure
« Au bout de l'univers. »

Là finit son discours ; et la troupe immortelle
Qui l'avoit écouté
Voulut voir le héros que la Nymphe fidèle
Leur avoit tant vanté.

Sa présence effaça dans leur ame charmée
Le souvenir des cieux ;
Et, dans le même instant, la prompte Renommée
L'alla dire en tous lieux.

## IV.

TIRÉE DU PSAUME XVII.

*Diligam te, Domine,* etc.

Je t'aimerai, bonté suprême,
Mon défenseur et mon salut.
Grand Dieu! d'un cœur plein de toi-même
Daigne accepter l'humble tribut!
De mes rivaux la haine impie
Attaquoit mon sceptre et ma vie,
Tu sauves ma gloire et mes jours :
En rendre grace à ta tendresse,
C'est assurer à ma foiblesse
Un nouveau droit à tes secours.

Déja, dans mon ame éperdue
La mort répandant ses terreurs,
Présentoit par-tout à ma vue
Et ses tourments et ses horreurs :
Ma perte étoit inévitable;

## ODE TIRÉE DU PS. XVII.

J'invoquai ton nom redoutable,
Et tu fus sensible à mes cris:
Tu vis leur trame sacrilége,
Et ta pitié rompit le piége
Où leurs complots m'avoient surpris.

Tu dis, et ta voix déconcerte
L'ordre éternel des éléments;
Sous tes pas la terre entr'ouverte
Voit chanceler ses fondements.
Dans sa frayeur le ciel s'abaisse.
Devant ton trône une ombre épaisse
Te dérobe aux yeux des vivants;
Des Chérubins, dans le silence,
L'aile s'étend; ton char s'élance
A travers les feux et les vents.

Au-devant des pâles victimes
Que poursuit ton glaive perçant,
Prête à sortir de ses abymes,
La mer accourt en mugissant;
Intéressés à ta vengeance,
Tous les fléaux, d'intelligence,
S'unissent pour leur châtiment:
Du monde, près de se dissoudre,
Le chaos en proie à la foudre,
N'est plus qu'un vaste embrasement.

Quand tu soulèves la nature
Contre leurs projets inhumains,
Tu récompenses ma droiture
Et l'innocence de mes mains.
Malgré le siècle et ses maximes,
Tu vis mon cœur exempt de crimes :
Pouvoit-il en vain t'implorer ?
Dans mon transport vif et sincère
Quels seront mes soins à te plaire,
Et mon ardeur à l'épurer !

De ton amour et de ta crainte
Ce cœur à jamais pénétré
Sera fidéle à ta loi sainte ;
Et mon triomphe est assuré.
L'impie aux traits de ta justice
Croit échapper ; mais le supplice
Tôt ou tard atteint les pécheurs.
Toujours propice aux ames pures,
C'est sur nos mœurs que tu mesures
Tes châtiments et tes faveurs.

Tel est l'arrêt de ta sagesse :
Tu soutiens l'humble vertueux,
Et tu confonds la folle ivresse
Du criminel présomptueux.
C'est pour toi que je prends les armes :

Parmi le trouble et les alarmes
Éclaire ma foible raison ;
Guide mes pas ; et, dans mon zéle,
Il n'est rempart ni citadelle
Que je ne force en ton saint nom.

Tu me reprends, tu me consoles ;
Et le miel a moins de douceur [1],
L'or est moins pur que les paroles
Que tu fais entendre à mon cœur.
Quel dieu plus saint, plus adorable,
Dans ses conseils plus admirable,
Plus magnifique en ses bienfaits !
Même au milieu de ta vengeance,
Combien de fois ton indulgence
M'en a-t-elle adouci les traits !

Tu mets un terme à ta justice,
Et ton courroux s'est apaisé ;
Ta main m'enléve au précipice
Que les méchants m'avoient creusé :
Tel ils m'ont vu dans ma jeunesse,
Par les secours de ta tendresse,
Renverser leurs desseins pervers,

---

[1] Psaume XVIII, vers 11. (*Note de Racine.*)

Tromper leur rage, et, sur ton aile [1],
Prendre l'essor de l'hirondelle [2],
Et m'envoler dans les déserts.

Dieu des batailles, dieu terrible,
Tu m'instruis dans l'art des combats !
Je te dois la force invincible
Qui soutient mon cœur et mon bras [3] :
Ce bras, armé pour leur supplice,
Ne cessera, sous ton auspice,
De triompher et de punir.
Oui, dans le sang de tes victimes,
De leur blasphème et de leurs crimes
J'abolirai le souvenir.

Tandis qu'en proie à l'anathème,
Ils pousseront en vain des cris
Vers les humains, vers le dieu même
Dont la fureur les a proscrits,
Sous mon règne heureux et tranquille

---

[1] Ou, pour éviter la liaison des deux tercets :

> Tel jadis, porté sur ton aile,
> Je pris l'essor de l'hirondelle,
> Et m'envolai dans les déserts. (*Note de Racine.*)

[2] Psaume x, v. 1. (*Note de Racine.*)
[3] Psaume x, v. 1. (*Note de Racine.*)

Je verrai mon peuple docile
M'offrir le tribut de son cœur.
L'étranger, forcé de me craindre,
Sera réduit lui-même à feindre
Un zéle ardent pour son vainqueur.

Tous ces succès sont ton ouvrage;
Et tu me vois en ce grand jour,
Dieu d'Israël, en rendre hommage
A ton pouvoir, à ton amour.
Étends tes soins jusqu'à ma race;
A mes enfants, avec ta grace,
Transmets ma gloire et mes états :
Peux-tu signaler ta puissance
Avec plus de magnificence
Qu'en protégeant les potentats !

FIN DES ODES

# IDYLLE SUR LA PAIX.

## 1685.

Un plein repos favorise vos vœux :
Peuples, chantez la Paix, qui vous rend tous heureux.

Un plein repos favorise nos vœux :
Chantons, chantons la Paix, qui nous rend tous heureux.

Charmante Paix, délices de la terre,
Fille du ciel, et mère des plaisirs,
Tu reviens combler nos desirs ;
Tu bannis la terreur et les tristes soupirs,
Malheureux enfants de la guerre.

Un plein repos favorise nos vœux :
Chantons, chantons la Paix, qui nous rend tous heureux.

Tu rends le fils à sa tremblante mère ;
Par toi la jeune épouse espère
D'être long-temps unie à son époux aimé ;
De ton retour le laboureur charmé
Ne craint plus désormais qu'une main étrangère
Moissonne avant le temps le champ qu'il a semé ;

Tu pares nos jardins d'une grace nouvelle;
Tu rends le jour plus pur, et la terre plus belle.

Un plein repos favorise nos vœux :
Chantons, chantons la Paix, qui nous rend tous heureux.

Mais quelle main puissante et secourable
A rappelé du ciel cette Paix adorable?

Quel Dieu, sensible aux vœux de l'univers,
A replongé la discorde aux enfers?

Déja grondoient les horribles tonnerres
    Par qui sont brisés les remparts;
Déja marchoit devant les étendards
    Bellone, les cheveux épars,
Et se flattoit d'éterniser les guerres
Que sa fureur souffloit de toutes parts.

Divine Paix, apprends-nous par quels charmes
Un calme si profond succède à tant d'alarmes?

Un héros, des mortels l'amour et le plaisir,
Un roi victorieux vous a fait ce loisir.

Un héros, des mortels l'amour et le plaisir,
Un roi victorieux nous a fait ce loisir.

Ses ennemis, offensés de sa gloire,
Vaincus cent fois, et cent fois suppliants,
En leur fureur de nouveau s'oubliants,
Ont osé dans ses bras irriter la victoire.
Qu'ont-ils gagné, ces esprits orgueilleux,
Qui menaçoient d'armer la terre entière?
Ils ont vu de nouveau resserrer leur frontière;
Ils ont vu ce roc sourcilleux [1],
De leur orgueil l'espérance dernière,
De nos champs fortunés devenir la barrière.


Un héros, des mortels l'amour et le plaisir,
Un roi victorieux nous a fait ce loisir.


Son bras est craint du couchant à l'aurore :
La foudre, quand il veut, tombe aux climats gelés,
Et sur les bords par le soleil brûlés :
De son courroux vengeur, sur le rivage more [2],
La terre fume encore.


Malheureux les ennemis
De ce prince redoutable !
Heureux les peuples soumis
A son empire équitable !
Chantons, bergers, et nous réjouissons :

[1] Luxembourg. — [2] Alger.

## SUR LA PAIX.

Qu'il soit le sujet de nos fêtes.

Le calme dont nous jouissons
N'est plus sujet aux tempêtes.
Chantons, bergers, et nous réjouissons :
Qu'il soit le sujet de nos fêtes.
Le bonheur dont nous jouissons
Le flatte autant que toutes ses conquêtes.

De ces lieux l'éclat et les attraits,
Ces fleurs odorantes,
Ces eaux bondissantes [1],
Ces ombrages frais,
Sont des dons de ses mains bienfaisantes.
De ces lieux l'éclat et les attraits
Sont des fruits de ses bienfaits.

Il veut bien quelquefois visiter nos bocages ;
Nos jardins ne lui déplaisent pas.
Arbres épais, redoublez vos ombrages ;
Fleurs, naissez sous ses pas.

O ciel, ô saintes destinées,
Qui prenez soin de ses jours florissants,
Retranchez de nos ans

---

[1] La cascade de Sceaux.

Pour ajouter à ses années.

Qu'il règne, ce héros, qu'il triomphe toujours;
Qu'avec lui soit toujours la paix ou la victoire;
Que le cours de ses ans dure autant que le cours
    De la Seine et de la Loire.

Qu'il règne ce héros, qu'il triomphe toujours;
    Qu'il vive autant que sa gloire!

# HYMNES
## ET
# CANTIQUES SPIRITUELS.

# HYMNI
## BREVIARII ROMANI.

### FERIA SECUNDA,
#### AD MATUTINUM.

Somno refectis artubus,
Spreto cubili surgimus,
Nobis, Pater, canentibus,
Adesse te deposcimus.

Te lingua primùm concinat,
Te mentis ardor ambiat,
Ut actuum sequentium
Tu, sancte, sis exordium.

Cedant tenebræ lumini,
Et nox diurno sideri:
Ut culpa, quam nox intulit,
Lucis labascat munere.

# HYMNES

### TRADUITES
# DU BRÉVIAIRE ROMAIN.

## LE LUNDI,
### A MATINES.

Tandis que le sommeil, réparant la nature,
   Tient enchaînés le travail et le bruit,
Nous rompons ses liens, ô clarté toujours pure!
   Pour te louer dans la profonde nuit.

Que dès notre réveil notre voix te bénisse;
   Qu'à te chercher notre cœur empressé
T'offre ses premiers vœux; et que par toi finisse
   Le jour par toi saintement commencé.

L'astre dont la présence écarte la nuit sombre
   Viendra bientôt recommencer son tour:
O vous, noirs ennemis qui vous glissez dans l'ombre,
   Disparoissez à l'approche du jour.

Precamur iidem supplices,
Noxas ut omnes amputes,
Et ore te canentium
Lauderis in perpetuum.

Præsta, pater piissime,
Patrique compar Unice,
Cum Spiritu Paracleto
Regnans per omne sœculum. Amen.

## AD LAUDES.

Splendor paternæ gloriæ,
De luce lucem proferens,
Lux lucis, et fons luminis,
Diem dies illuminans.

Verusque sol illabere,
Micans nitore perpeti:
Jubarque Sancti Spiritûs
Infunde nostris sensibus.

Votis vocemus et Patrem,
Patrem perennis gloriæ,
Patrem potentis gratiæ,
Culpam releget lubricam.

Nous t'implorons, Seigneur : tes bontés sont nos armes :
   De tout péché rends-nous purs à tes yeux;
Fais que, t'ayant chanté dans ce séjour de larmes,
   Nous te chantions dans le repos des cieux.

Exauce, Père saint, notre ardente prière,
   Verbe, son fils, Esprit, leur nœud divin,
Dieu qui, tout éclatant de ta propre lumière,
   Règnes au ciel sans principe et sans fin.

## A LAUDES.

   Source ineffable de lumière,
Verbe en qui l'Éternel contemple sa beauté,
Astre, dont le soleil n'est que l'ombre grossière,
   Sacré jour, dont le jour emprunte sa clarté;

   Lève-toi, Soleil adorable,
Qui de l'éternité ne fais qu'un heureux jour;
Fais briller à nos yeux ta clarté secourable,
   Et répands dans nos cœurs le feu de ton amour.

   Prions aussi l'auguste Père,
Le Père dont la gloire a devancé les temps,
Le Père tout puissant en qui le monde espère,
   Qu'il soutienne d'en haut ses fragiles enfants.

Confirmet actus strenuos,
Dentes retundat invidi,
Casus secundet asperos,
Donet gerendi gratiam.

Mentem gubernet et regat;
Casto fideli corpore,
Fides calore ferveat;
Fraudis venena nesciat.

Christusque nobis sit cibus,
Potusque noster sit fides:
Læti bibamus sobriam
Ebrietatem spiritus.

Lætus dies hic transeat;
Pudor sit ut diluculum;
Fides velut meridies;
Crepusculum mens nesciat.

Aurora cursus provehit,
Aurora totus prodeat,
In Patre totus Filius,
Et totus in Verbo Pater.

Deo Patri sit gloria,
Ejusque soli Filio,

Donne-nous un ferme courage ;
Brise la noire dent du serpent envieux ;
Que le calme, grand Dieu, suive de près l'orage ;
Fais-nous faire toujours ce qui plaît à tes yeux.

Guide notre ame dans ta route,
Rends notre corps docile à ta divine loi ;
Remplis-nous d'un espoir que n'ébranle aucun doute,
Et que jamais l'erreur n'altère notre foi.

Que Christ soit notre pain céleste ;
Que l'eau d'une foi vive abreuve notre cœur :
Ivres de ton esprit, sobres pour tout le reste,
Daigne à tes combattants inspirer ta vigueur.

Que la pudeur chaste et vermeille
Imite sur leur front la rougeur du matin ;
Aux clartés du midi que leur foi soit pareille ;
Que leur persévérance ignore le déclin.

L'aurore luit sur l'hémisphère :
Que Jésus dans nos cœurs daigne luire aujourd'hui,
Jésus, qui tout entier est dans son divin Père,
Comme son divin Père est tout entier en lui.

Gloire à toi, Trinité profonde,
Père, Fils, Esprit saint : qu'on t'adore toujours,

Cum Spiritu Paracleto,
Et nunc et in perpetuum. Amen.

## AD VESPERAS.

Immense cœli conditor
Qui mixta ne confunderent;
Aquæ fluenta dividens,
Cœlum dedisti limitem.

Firmans locum cœlestibus,
Simulque terræ rivulis
Ut unda flammas temperet,
Terræ solum ne dissipent;

Infunde nunc, piissime,
Donum perennis gratiæ;
Fraudis novæ ne casibus
Nos error atterat vetus.

Lucem fides adaugeat;
Sic luminis jubar ferat:
Ut vana cuncta terreat,
Hanc falsa nulla comprimant.

Præsta, Pater piissime, etc.

Tant que l'astre des temps éclairera le monde,
Et quand les siècles même auront fini leur cours!

## A VÊPRES.

Grand Dieu, qui vis les cieux se former sans matière,
    A ta voix seulement;
Tu séparas les eaux, leur marquas pour barrière
    Le vaste firmament.

Si la voûte céleste a ses plaines liquides,
    La terre a ses ruisseaux,
Qui, contre les chaleurs, portent aux champs arides
    Le secours de leurs eaux.

Seigneur, qu'ainsi les eaux de ta grace féconde
    Réparent nos langueurs;
Que nos sens désormais vers les appas du monde
    N'entraînent plus nos cœurs.

Fais briller de ta foi les lumières propices
    A nos yeux éclairés :
Qu'elle arrache le voile à tous les artifices
    Des enfers conjurés.

Règne, ô Père éternel, Fils, sagesse incréée,
    Esprit-Saint, Dieu de paix,
Qui fais changer des temps l'inconstante durée,
    Et ne changes jamais.

# FERIA TERTIA,

## AD MATUTINUM.

Consors paterni luminis,
Lux ipse lucis, et dies,
Noctem canendo rumpimus,
Assiste postulantibus.

Aufer tenebras mentium;
Fuga catervas dæmonum;
Expelle somnolentiam,
Ne pigritantes obruat.

Sic, Christe, nobis omnibus
Indulgeas credentibus,
Ut prosit exorantibus,
Quod præcinentes psallimus.

Præsta, Pater piissime, etc.

# LE MARDI,

## A MATINES.

Verbe, égal au Très-Haut, notre unique espérance,
    Jour éternel de la terre et des cieux,
De la paisible nuit nous rompons le silence;
    Divin Sauveur, jette sur nous les yeux.

Répands sur nous le feu de ta grace puissante;
    Que tout l'enfer fuie au son de ta voix;
Dissipe ce sommeil d'une ame languissante,
    Qui la conduit dans l'oubli de tes lois.

O Christ! sois favorable à ce peuple fidéle,
    Pour te bénir maintenant assemblé;
Reçois les chants qu'il offre à ta gloire immortelle;
    Et de tes dons qu'il retourne comblé.

Exauce, Père saint, notre ardente prière,
    Verbe son fils, Esprit, leur nœud divin,
Dieu qui, tout éclatant de ta propre lumière,
    Régnes au ciel sans principe et sans fin.

# HYMNI.

## AD LAUDES.

Ales diei nuncius
Lucem propinquam præcinit :
Nos excitator mentium
Jam Christus ad vitam vocat.

Auferte, clamat, lectulos,
Ægro sopore desides :
Castique, recti ac sobrii
Vigilate : jam sum proximus.

Jesum ciamus vocibus,
Flentes, precantes, sobrii :
Intenta supplicatio
Dormire cor mundum vetat.

Tu, Christe, somnum discute,
Tu rumpe mortis vincula,
Tu solve peccatum vetus,
Novumque lumen ingere.

Deo Patri sit gloria,
Ejusque soli Filio, etc.

# HYMNES.

## A LAUDES.

L'oiseau vigilant nous réveille ;
Et ses chants redoublés semblent chasser la nuit :
Jésus se fait entendre à l'ame qui sommeille,
Et l'appelle à la vie, où son jour nous conduit.

« Quittez, dit-il, la couche oisive
« Où vous ensevelit une molle langueur :
« Sobres, chastes et purs, l'œil et l'ame attentive,
« Veillez : je suis tout proche, et frappe à votre cœur. »

Ouvrons donc l'œil à sa lumière,
Levons vers ce Sauveur et nos mains et nos yeux,
Pleurons et gémissons : une ardente prière
Écarte le sommeil, et pénètre les cieux.

O Christ, ô soleil de justice !
De nos cœurs endurcis romps l'assoupissement ;
Dissipe l'ombre épaisse où les plonge le vice,
Et que ton divin jour y brille à tout moment !

Gloire à toi, Trinité profonde,
Père, Fils, Esprit saint : qu'on t'adore toujours,
Tant que l'astre des temps éclairera le monde,
Et quand les siècles même auront fini leur cours.

## HYMNI.

### AD VESPERAS.

Telluris ingens conditor,
Mundi solum qui eruens,
Pulsis aquæ molestiis,
Terram dedisti immobilem:

Ut germen aptum proferens,
Fulvis decora floribus,
Fecunda fructu sisteret,
Pastumque gratum redderet.

Mentis perustæ vulnera
Munda virore gratiæ:
Ut facta fletu diluat,
Motusque pravos atterat.

Jussis tuis obtemperet,
Nullis malis approximet,
Bonis repleri gaudeat,
Et mortis actum nesciat.

Præsta, Pater piissime, etc.

# HYMNES.

## A VÊPRES.

Ta sagesse, grand Dieu! dans tes œuvres tracée,
　　Débrouilla le chaos;
Et, fixant sur son poids la terre balancée,
　　La sépara des flots.

Par-là, son sein fécond, de fleurs et de feuillages
　　L'embellit tous les ans,
L'enrichit de doux fruits, couvre de pâturages
　　Ses vallons et ses champs.

Seigneur, fais de ta grace, à notre ame abattue,
　　Goûter les fruits heureux;
Et que puissent nos pleurs de la chair corrompue
　　Éteindre en nous les feux.

Que sans cesse nos cœurs, loin du sentier des vices,
　　Suivent tes volontés:
Qu'innocents à tes yeux, ils fondent leurs délices
　　Sur tes seules bontés.

Règne, ô Père éternel, Fils, sagesse incréée,
　　Esprit saint, Dieu de paix,
Qui fais changer des temps l'inconstante durée,
　　Et ne changes jamais.

## FERIA QUARTA.

### AD MATUTINUM.

Rerum Creator optime,
Rectorque noster, aspice
Nos à quiete noxiâ,
Mersos sopore libera.

Te, Christe sancte, poscimus:
Ignosce culpis omnibus:
Ad confitendum surgimus,
Morasque noctis rumpimus.

Mentes manusque tollimus,
Propheta sicut noctibus
Nobis gerendum præcipit,
Paulusque gestis censuit.

Vides malum quod fecimus,
Occulta nostra pandimus,
Preces gementes fundimus,
Dimitte quod peccavimus.

Præsta, Pater piissime, etc.

# LE MERCREDI,
## A MATINES.

Grand Dieu, par qui de rien toute chose est formée,
    Jette les yeux sur nos besoins divers ;
Romps ce fatal sommeil, par qui l'ame charmée
    Dort en repos sur le bord des enfers.

Daigne, ô divin Sauveur que notre voix implore,
    Prendre pitié des fragiles mortels,
Et vois comme du lit, sans attendre l'aurore,
    Le repentir nous traîne à tes autels.

C'est là que notre troupe affligée, inquiète,
    Levant au ciel et le cœur et les mains,
Imite le grand Paul, et suit ce qu'un prophète
    Nous a prescrit dans ses cantiques saints.

Nous montrons à tes yeux nos maux et nos alarmes,
    Nous confessons tous nos crimes secrets ;
Nous t'offrons tous nos vœux, nous y mêlons nos larmes :
    Que ta bonté révoque tes arrêts !

Exauce, Père saint, notre ardente prière,
    Verbe son fils, Esprit, leur nœud divin,
Dieu qui, tout éclatant de ta propre lumière,
    Règnes au ciel sans principe et sans fin.

# HYMNI.

## AD LAUDES.

Nox et tenebræ et nubila,
Confusa mundi, et turbida,
Lux intrat, albescit polus,
Christus venit : discedite.

Caligo terræ scinditur
Percussa solis spiculo;
Rebusque jam color redit;
Vultu nitentis sideris.

Te, Christe, solum novimus,
Te mente purâ et simplici,
Flendo, et canendo, quæsumus,
Intende nostris sensibus.

Sunt multa fucis illita,
Quæ luce purgentur tuâ :
Tu lux eoi sideris
Vultu sereno illumina.

Deo Patri sit gloria, etc.

## A LAUDES.

Sombre nuit, aveugles ténèbres,
Fuyez : le jour s'approche, et l'Olympe blanchit :
Et vous, démons, rentrez dans vos prisons funèbres :
De votre empire affreux un Dieu nous affranchit.

Le soleil perce l'ombre obscure ;
Et les traits éclatants qu'il lance dans les airs,
Rompant le voile épais qui couvre la nature,
Redonnent la couleur et l'ame à l'univers.

O Christ, notre unique lumière,
Nous ne reconnoissons que tes saintes clartés !
Notre esprit t'est soumis ; entends notre prière,
Et sous ton divin joug range nos volontés.

Souvent notre ame criminelle,
Sur sa fausse vertu, téméraire, s'endort ;
Hâte-toi d'éclairer, ô lumière éternelle,
Des malheureux assis dans l'ombre de la mort !

Gloire à toi, Trinité profonde,
Père, Fils, Esprit saint : qu'on t'adore toujours,
Tant que l'astre des temps éclairera le monde,
Et quand les siécles même auront fini leur cours.

# HYMNI.

## AD VESPERAS.

Cœli Deus sanctissime,
Qui lucidum centrum poli
Candore pingis igneo
Augens decoro lumine;

Quarto die qui flammeam
Solis rotam constituens,
Lunæ ministras ordinem,
Vagosque cursus siderum.

Ut noctibus, vel lumini
Diremptionis terminum,
Primordiis et mensium
Signum dares notissimum.

Illumina cor hominum;
Absterge sordes mentium;
Resolve culpæ vinculum;
Everte moles criminum.

Præsta, Pater piissime, etc.

# HYMNES.

## A VÊPRES.

Grand Dieu, qui fais briller sur la voûte étoilée
  Ton trône glorieux,
Et d'une blancheur vive à la pourpre mêlée
  Peins le centre des cieux,

Par toi roule à nos yeux, sur un char de lumière,
  Le clair flambeau des jours,
De tant d'astres par toi la lune en sa carrière
  Voit le différent cours.

Ainsi sont séparés les jours des nuits prochaines
  Par d'immuables lois ;
Ainsi tu fais connoître à des marques certaines
  Les saisons et les mois.

Seigneur, répands sur nous ta lumière céleste,
  Guéris nos maux divers ;
Que ta main secourable, aux démons si funeste,
  Brise enfin tous nos fers.

Règne, ô Père éternel, Fils, Sagesse incréée,
  Esprit saint, Dieu de paix,
Qui fais changer des temps l'inconstante durée,
  Et ne changes jamais !

## FERIA QUINTA,

### AD MATUTINUM.

Nox atra rerum contegit
Terræ colores omnium,
Nos confitentes poscimus
Te, juste judex cordium,

Ut auferas piacula,
Sordesque mentis abluas:
Donesque, Christe, gratiâ
Ut arceantur crimina.

Mens ecce torpet impia,
Quam culpa mordet noxia:
Obscura gestit tollere,
Et te, Redemptor, quærere.

Repelle tu caliginem
Intrinsecùs quam maximè
Ut in beato gaudeat
Se collocari lumine.

Præsta, Pater piissime, etc.

# LE JEUDI,
## A MATINES.

De toutes les couleurs que distinguoit la vue,
   L'obscure nuit n'a fait qu'une couleur :
Juste juge des cœurs, notre ardeur assidue
   Demande ici tes yeux et ta faveur.

Qu'ainsi, prompt à guérir nos mortelles blessures,
   Ton feu divin, dans nos cœurs répandu,
Consume pour jamais leurs passions impures,
   Pour n'y laisser que l'amour qui t'est dû.

Effrayés des péchés dont le poids les accable,
   Tes serviteurs voudroient se relever :
Ils implorent, Seigneur, ta bonté secourable,
   Et dans ton sang cherchent à se laver.

Seconde leurs efforts, dissipe l'ombre noire
   Qui dès long-temps les tient enveloppés ;
Et que l'heureux séjour d'une immortelle gloire
   Soit l'objet seul de leurs cœurs détrompés.

Exauce, Père saint, notre ardente prière,
   Verbe son Fils, Esprit, leur nœud divin,
Dieu qui, tout éclatant de ta propre lumière,
   Régnes au ciel sans principe et sans fin.

## HYMNI.

### AD LAUDES.

Lux ecce surgit aurea:
Pallens fatiscat cæcitas,
Quæ nosmet in præceps diù
Errore traxit devio.

Hæc lux serenum conferat,
Purosque nos præstet sibi:
Nihil loquamur subdolum,
Volvamus obscurum nihil.

Sic tota decurrat dies,
Ne lingua mendax, ne manus,
Oculive peccent lubrici,
Ne noxa corpus inquinet.

Speculator adstat desuper,
Qui nos diebus omnibus,
Actusque nostros prospicit
A luce primâ in vesperum.

Deo Patri sit gloria, etc.

## A LAUDES.

Les portes du jour sont ouvertes,
Le soleil peint le ciel de rayons éclatants :
Loin de nous cette nuit dont nos ames couvertes
Dans le chemin du crime ont erré si long-temps.

Imitons la lumière pure
De l'astre étincelant qui commence son cours,
Ennemis du mensonge et de la fraude obscure ;
Et que la vérité brille en tous nos discours.

Que ce jour se passe sans crime,
Que nos langues, nos mains, nos yeux, soient innocents ;
Que tout soit chaste en nous, et qu'un frein légitime
Aux lois de la raison asservisse les sens.

Du haut de sa sainte demeure
Un dieu toujours veillant nous regarde marcher ;
Il nous voit, nous entend, nous observe à toute heure ;
Et la plus sombre nuit ne sauroit nous cacher.

Gloire à toi, Trinité profonde,
Père, Fils, Esprit saint : qu'on t'adore toujours,
Tant que l'astre des temps éclairera le monde,
Et quand les siécles même auront fini leur cours.

# HYMNI.

## AD VESPERAS.

Magnæ Deus potentiæ,
Quis ex aquis ortum genus
Partim remittis gurgiti,
Partim levas in aera;

Demersa limphis imprimens,
Subvecta cœlis irrigans :
Ut stirpe ab unâ prodita,
Diversa rapiant loca.

Largire cunctis servulis,
Quos mundat unda sanguinis,
Nescire lapsus criminum,
Nec ferre mortis tædium.

Ut culpa nullum deprimat;
Nullum levet jactantia,
Elisa mens ne concidat,
Elata mens ne corruat.

Præsta, Pater piissime, etc.

## A VÊPRES.

Seigneur, tant d'animaux par toi des eaux fécondes
  Sont produits à ton choix;
Que leur nombre infini peuple ou les mers profondes,
  Ou les airs, ou les bois.

Ceux-là sont humectés des flots que la mer roule,
  Ceux-ci, de l'eau des cieux;
Et, de la même source ainsi sortis en foule,
  Occupent divers lieux.

Fais, ô Dieu tout puissant! fais que tous les fidèles,
  A ta grace soumis,
Ne retombent jamais dans les chaînes cruelles
  De leurs fiers ennemis!

Que, par toi soutenus, le joug pesant des vices
  Ne les accable pas;
Qu'un orgueil téméraire en d'affreux précipices
  N'engage point leurs pas!

Règne, ô Père éternel, Fils, Sagesse incréée,
  Esprit saint, Dieu de paix,
Qui fais changer des temps l'inconstante durée,
  Et ne changes jamais!

# FERIA SEXTA,

## AD MATUTINUM.

Tu Trinitatis unitas,
Orbem potenter qui regis,
Attende laudum cantica,
Quæ excubantes psallimus.

Nam lectulo consurgimus
Noctis quieto tempore,
Ut flagitemus vulnerum
A te medelam omnium.

Quo fraude quidquid dæmonum
In noctibus deliquimus,
Abstergat illud cœlitùs
Tuæ potestas gloriæ.

Ne corpus adsit sordidum,
Nec torpor instet cordium,
Nec criminis contagio
Tepescat ardor spiritus.

# LE VENDREDI,

## A MATINES.

Auteur de toute chose, essence en trois unique,
    Dieu tout puissant, qui régis l'univers,
Dans la profonde nuit nous t'offrons ce cantique ;
    Écoute-nous, et vois nos maux divers.

Tandis que du sommeil le charme nécessaire
    Ferme les yeux du reste des humains,
Le cœur tout pénétré d'une douleur amère,
    Nous implorons tes secours souverains.

Que tes feux de nos cœurs chassent la nuit fatale ;
    Qu'à leur éclat soient d'abord dissipés
Ces objets dangereux que la ruse infernale
    Dans un vain songe offre à nos sens trompés.

Que notre corps soit pur ; qu'une indolence ingrate
    Ne tienne point nos cœurs ensevelis ;
Que par l'impression du vice qui nous flatte,
    Tes feux sacrés n'y soient point affoiblis.

# HYMNI.

Ob hoc, Redemptor, quæsumus,
Reple tuo nos lumine,
Per quod dierum circulis,
Nullis ruamus actibus.

Præsta, Pater piissime, etc.

## AD LAUDES.

Æterna cœli gloria,
Beata spes mortalium,
Celsi tonantis Unice,
Castæque proles Virginis,

Da dexteram surgentibus,
Exurgat et mens sobria,
Flagrans et in laudem Dei
Grates respendat debitas.

Ortus refulget Lucifer,
Sparsamque lucem nuntiat:
Cadit caligo noctium;
Lux sancta nos illuminet!

Qu'ainsi, divin Sauveur, tes lumières célestes
  Dans tes sentiers affermissant nos pas,
Nous détournent toujours de ces piéges funestes
  Que le démon couvre de mille appas.

Exauce, Père saint, notre ardente prière,
  Verbe son fils, Esprit, leur nœud divin,
Dieu qui, tout éclatant de ta propre lumière,
  Règnes au ciel sans principe et sans fin.

## A LAUDES.

  Astre que l'Olympe révère,
Doux espoir des mortels rachetés par ton sang,
Verbe, fils éternel du redoutable Père,
Jésus, qu'une humble Vierge a porté dans son flanc,

  Affermis l'ame qui chancelle;
Fais que, levant au ciel nos innocentes mains,
Nous chantions dignement et ta gloire immortelle
Et les biens dont ta grace a comblé les humains.

  L'astre avant-coureur de l'aurore,
Du soleil qui s'approche annonce le retour;
Sous le pâle horizon l'ombre se décolore:
Lève-toi dans nos cœurs, chaste et bienheureux jour!

Manensque nostris sensibus,
Noctem repellat sæculi,
Omnique fine diei
Purgata servet pectora.

Quæsita jam primùm fides
Radicet altis sensibus,
Secunda spes congaudeat,
Qua major extat Charitas.

Deo Patri sit gloria, etc.

## AD VESPERAS.

Plasmator hominis Deus,
Qui cuncta solus ordinans
Humum jubes producere
Reptantis et feræ genus;

Qui magna rerum corpora,
Dictu jubentis vivida,
Ut serviant per ordinem,
Subdens dedisti homini.

Sois notre inséparable guide,
Du siècle ténébreux perce l'obscure nuit;
Défends-nous en tout temps contre l'attrait perfide
De ces plaisirs trompeurs dont la mort est le fruit.

Que la Foi dans nos cœurs gravée,
D'un rocher immobile ait la stabilité;
Que sur ce fondement l'Espérance élevée
Porte pour comble heureux l'ardente Charité.

Gloire à toi, Trinité profonde,
Père, Fils, Esprit saint : qu'on t'adore toujours,
Tant que l'astre des temps éclairera le monde,
Et quand les siècles même auront fini leur cours.

## A VÊPRES.

Créateur des humains, grand Dieu, souverain maître
  De ce vaste univers,
Qui, du sein de la terre, à ton ordre, vis naître
  Tant d'animaux divers,

A ces grands corps sans nombre et différents d'espèce,
  Animés à ta voix,
L'homme fut établi par ta haute sagesse
  Pour imposer ses lois.

Repelle à servis tuis,
Quidquid per immunditiam,
Aut moribus se suggerit,
Aut actibus se interserit.

Da gaudiorum præmia;
Da gratiarum munera;
Dissolve litis vincula,
Adstringe pacis fœdera.

Præsta, Pater piissime, etc.

Seigneur, qu'ainsi ta grace à nos vœux accordée
    Régne dans notre cœur;
Que nul excès honteux, que nulle impure idée
    N'en chasse la pudeur.

Qu'un saint ravissement éclate en notre zéle;
    Guide toujours nos pas;
Fais d'une paix profonde, à ton peuple fidéle,
    Goûter les doux appas.

Régne, ô Père éternel, Fils, Sagesse incréée,
    Esprit saint, Dieu de paix,
Qui fais changer des temps l'inconstante durée,
    Et ne changes jamais!

# SABBATO,

## AD MATUTINUM.

Summæ Deus clementiæ,
Mundique factor machinæ,
Unus potentialiter,
Trinusque personaliter,

Nostros pius cum canticis
Fletus benignè suscipe:
Quo corde puro sordibus
Te perfruamur largiùs.

Lumbos, jecurque morbidum
Adure igni congruo,
Accincti ut sint perpetim,
Luxu remoto pessimo.

Ut quique horas noctium
Nunc concinendo rumpimus,
Donis beatæ patriæ
Ditemur omnes affatim.

# LE SAMEDI,

## A MATINES.

O toi qui, d'un œil de clémence,
Vois les égarements des fragiles humains;
Toi, dont l'être un en trois, et le même en puissance,
A créé ce grand tout soutenu par tes mains,

Éteins ta foudre dans les larmes
Qu'un juste repentir mêle à nos chants sacrés;
Et que puisse ta Grace, où brillent tes doux charmes,
Te préparer un temple en nos cœurs épurés.

Brûle en nous de tes saintes flammes
Tout ce qui de nos sens excite les transports,
Afin que, toujours prêts, nous puissions dans nos ames
Du démon de la chair vaincre tous les efforts.

Pour chanter ici tes louanges,
Notre zèle, Seigneur, a devancé le jour :
Fais qu'ainsi nous chantions un jour avec tes anges
Les biens qu'à tes élus assure ton amour.

HYMNI.

Præsta, Pater piissime,
Patrique compar Unice,
Cum Spiritu Paracleto
Regnans per omne sæculum. Amen.

## AD LAUDES.

Aurora jam spargit polum,
Terris dies illabitur,
Lucis resultat spiculum:
Discedat omne lubricum.

Phantasma noctis decidat;
Mentis reatus subruat;
Quidquid tenebris horridum
Nos attulit culpæ, cadat.

Et manè illud ultimùm
Quod præstolamur cernui;
In lucem nobis effluat,
Dum hoc canore concrepat.

Deo Patri sit gloria, etc.

# HYMNES.

Père des anges et des hommes,
Sacré Verbe, Esprit saint, profonde Trinité,
Sauve-nous ici-bas des périls où nous sommes,
Et qu'on loue à jamais ton immense bonté.

## A LAUDES.

L'aurore brillante et vermeille
Prépare le chemin au soleil qui la suit;
Tout rit aux premiers traits du jour qui se réveille :
Retirez-vous, démons qui volez dans la nuit.

Fuyez, songes, troupe menteuse,
Dangereux ennemis par la nuit enfantés,
Et que fuie avec vous la mémoire honteuse
Des objets qu'à nos sens vous avez présentés.

Chantons l'auteur de la lumière,
Jusqu'au jour où son ordre a marqué notre fin;
Et qu'en le bénissant notre aurore dernière
Se perde en un midi sans soir et sans matin.

Gloire à toi, Trinité profonde,
Père, Fils, Esprit saint : qu'on t'adore toujours,
Tant que l'astre des temps éclairera le monde,
Et quand les siècles même auront fini leur cours.

# HYMNI.

## AD VESPERAS.

O lux beata Trinitas
Et principalis Unitas,
Jam sol recedit igneus,
Infunde lumen cordibus.

Te manè laudum carmine,
Te deprecemur vesperè;
Te nostra supplex gloria
Per cuncta laudet sæcula.

Deo Patri sit gloria,
Ejusque soli Filio,
Cum Spiritu Paracleto,
Et nunc, et in perpetuum.
Amen.

FINIS HYMNORUM.

## A VÊPRES.

Source éternelle de lumière,
Trinité souveraine et très simple unité,
Le visible soleil va finir sa carrière :
Fais luire dans nos cœurs l'invisible clarté.

Qu'au doux concert de tes louanges
Notre voix et commence et finisse le jour ;
Et que notre ame enfin chante avec tes saints anges
Le cantique éternel de ton céleste amour.

Adorons le Père suprême,
Principe sans principe, abyme de splendeur,
Le Fils, Verbe du Père, engendré dans lui-même,
L'Esprit, des deux qu'il lie, amour, don, paix, ardeur.

**FIN DES HYMNES.**

# CANTIQUES SPIRITUELS.

## CANTIQUE PREMIER.

### A LA LOUANGE DE LA CHARITÉ.

( Tiré de la première Épître de S. Paul aux Corinthiens, chapitre XIII. )

Les méchants m'ont vanté leurs mensonges frivoles;
 Mais je n'aime que les paroles
 De l'éternelle vérité.
 Plein du feu divin qui m'inspire,
 Je consacre aujourd'hui ma lyre
 A la céleste Charité.

En vain je parlerois le langage des anges;
 En vain, mon Dieu, de tes louanges
 Je remplirois tout l'univers :
 Sans amour, ma gloire n'égale
 Que la gloire de la cymbale
 Qui d'un vain bruit frappe les airs.

Que sert à mon esprit de percer les abymes
　　Des mystères les plus sublimes,
　　Et de lire dans l'avenir?
　　Sans amour ma science est vaine,
　　Comme le songe dont à peine
　　Il reste un léger souvenir.

Que me sert que ma foi transporte les montagnes,
　　Que, dans les arides campagnes,
　　Les torrents naissent sous mes pas;
　　Ou que, ranimant la poussière,
　　Elle rende aux morts la lumière,
　　Si l'amour ne l'anime pas?

Oui, mon Dieu, quand mes mains de tout mon héritage
　　Aux pauvres feroient le partage;
　　Quand même pour le nom chrétien,
　　Bravant les croix les plus infames,
　　Je livrerois mon corps aux flammes,
　　Si je n'aime, je ne suis rien.

Que je vois de vertus qui brillent sur ta trace,
　　Charité, fille de la Grace!
　　Avec toi marche la Douceur,
　　Qui suit avec un air affable
　　La Patience inséparable
　　De la Paix, son aimable sœur.

Tel que l'astre du jour écarte les ténèbres,
De la nuit compagnes funèbres :
Telle tu chasses d'un coup d'œil
L'envie, aux humains si fatale,
Et toute la troupe infernale
Des vices, enfants de l'orgueil.

Libre d'ambition, simple, et sans artifice,
Autant que tu hais l'injustice,
Autant la vérité te plaît.
Que peut la colère farouche
Sur un cœur que jamais ne touche
Le soin de son propre intérêt?

Aux foiblesses d'autrui loin d'être inexorable,
Toujours d'un voile favorable
Tu t'efforces de les couvrir.
Quel triomphe manque à ta gloire?
L'amour sait tout vaincre, tout croire,
Tout espérer, et tout souffrir.

Un jour Dieu cessera d'inspirer des oracles ;
Le don des langues, les miracles,
La science aura son déclin :
L'amour, la charité divine,
Éternelle en son origine,
Ne connoîtra jamais de fin.

Nos clartés ici-bas ne sont qu'énigmes sombres;
    Mais Dieu, sans voiles et sans ombres,
    Nous éclairera dans les cieux;
    Et ce soleil inaccessible,
    Comme à ses yeux je suis visible,
    Se rendra visible à mes yeux.

L'amour sur tous les dons l'emporte avec justice.
    De notre céleste édifice
    La foi vive est le fondement;
    La sainte espérance l'élève,
    L'ardente Charité l'achève,
    Et l'assure éternellement.

Quand pourrai-je t'offrir, ô Charité suprême,
    Au sein de la lumière même,
    Le cantique de mes soupirs;
    Et, toujours brûlant pour ta gloire,
    Toujours puiser et toujours boire
    Dans la source des vrais plaisirs?

## CANTIQUE II.

SUR LE BONHEUR DES JUSTES, ET SUR LE MALHEUR
DES RÉPROUVÉS.

(Tiré du livre de LA SAGESSE, ch. v.)

Heureux qui, de la sagesse
Attendant tout son secours,
N'a point mis en la richesse
L'espoir de ses derniers jours !
La mort n'a rien qui l'étonne ;
Et, dès que son Dieu l'ordonne,
Son ame, prenant l'essor,
S'élève d'un vol rapide
Vers la demeure où réside
Son véritable trésor.

De quelle douleur profonde
Seront un jour pénétrés
Ces insensés qui du monde,
Seigneur, vivent enivrés ;
Quand, par une fin soudaine,

Détrompés d'une ombre vaine
Qui passe et ne revient plus,
Leurs yeux, du fond de l'abyme,
Près de ton trône sublime
Verront briller tes élus !

« Infortunés que nous sommes,
« Où s'égaroient nos esprits !
« Voilà, diront-ils, ces hommes,
« Vils objets de nos mépris :
« Leur sainte et pénible vie
« Nous parut une folie ;
« Mais, aujourd'hui triomphants,
« Le ciel chante leur louange,
« Et Dieu lui-même les range
« Au nombre de ses enfants.

« Pour trouver un bien fragile
« Qui nous vient d'être arraché,
« Par quel chemin difficile,
« Hélas ! nous avons marché !
« Dans une route insensée
« Notre ame en vain s'est lassée,
« Sans se reposer jamais,
« Fermant l'œil à la lumière,
« Qui nous montroit la carrière
« De la bienheureuse paix.

« De nos attentats injustes
« Quel fruit nous est-il resté ?
« Où sont les titres augustes
« Dont notre orgueil s'est flatté ?
« Sans amis et sans défense
« Au trône de la vengeance
« Appelés en jugement,
« Foibles et tristes victimes,
« Nous y venons de nos crimes
« Accompagnés seulement. »

Ainsi d'une voix plaintive,
Exprimera ses remords
La pénitence tardive
Des inconsolables morts.
Ce qui faisoit leurs délices,
Seigneur, fera leurs supplices;
Et, par une égale loi,
Tes saints trouveront des charmes
Dans le souvenir des larmes
Qu'ils versent ici pour toi.

## CANTIQUE III.

PLAINTES D'UN CHRÉTIEN SUR LES CONTRARIÉTÉS
QU'IL ÉPROUVE AU-DEDANS DE LUI-MÊME.

(Tiré de l'Épître de saint Paul aux Romains, ch. VII.)

Mon Dieu, quelle guerre cruelle!
Je trouve deux hommes en moi:
L'un veut que, plein d'amour pour toi,
Mon cœur te soit toujours fidèle;
L'autre, à tes volontés rebelle,
Me révolte contre ta loi.

L'un, tout esprit et tout céleste,
Veut qu'au ciel sans cesse attaché,
Et des biens éternels touché,
Je compte pour rien tout le reste;
Et l'autre, par son poids funeste,
Me tient vers la terre penché.

Hélas! en guerre avec moi-même,
Où pourrai-je trouver la paix?
Je veux, et n'accomplis jamais.

CANTIQUES.

Je veux; mais ( ô misère extrême! )
Je ne fais pas le bien que j'aime,
Et je fais le mal que je hais.

O grace, ô rayon salutaire!
Viens me mettre avec moi d'accord,
Et, domptant par un doux effort
Cet homme qui t'est si contraire,
Fais ton esclave volontaire
De cet esclave de la mort.

## CANTIQUE IV.

SUR LES VAINES OCCUPATIONS DES GENS DU SIÈCLE.

### 1698.

( Tiré de divers endroits d'ISAÏE et de JÉRÉMIE.)

Quel charme vainqueur du monde
Vers Dieu m'élève aujourd'hui?
Malheureux l'homme qui fonde
Sur les hommes son appui !
Leur gloire fuit et s'efface

En moins de temps que la trace
Du vaisseau qui fend les mers,
Ou de la flèche rapide
Qui, loin de l'œil qui la guide,
Cherche l'oiseau dans les airs.

De la sagesse immortelle
La voix tonne et nous instruit :
« Enfants des hommes, dit-elle,
« De vos soins quel est le fruit ?
« Par quelle erreur, ames vaines,
« Du plus pur sang de vos veines
« Achetez-vous si souvent,
« Non un pain qui vous repaisse,
« Mais une ombre qui vous laisse
« Plus affamés que devant ?

« Le pain que je vous propose
« Sert aux anges d'aliment ;
« Dieu lui-même le compose
« De la fleur de son froment.
« C'est ce pain si délectable
« Que ne sert point à sa table
« Le monde que vous suivez.
« Je l'offre à qui veut me suivre :
« Approchez. Voulez-vous vivre ?
« Prenez, mangez, et vivez. »

O Sagesse ! ta parole
Fit éclore l'univers,
Posa sur un double pôle
La terre au milieu des airs.
Tu dis : et les cieux parurent,
Et tous les astres coururent
Dans leur ordre se placer.
Avant les siècles tu régnes;
Et qui suis-je, que tu daignes
Jusqu'à moi te rabaisser?

Le Verbe, image du Père,
Laissa son trône éternel,
Et d'une mortelle mère
Voulut naître homme et mortel.
Comme l'orgueil fut le crime
Dont il naissoit la victime,
Il dépouilla sa splendeur,
Et vint, pauvre et misérable,
Apprendre à l'homme coupable
Sa véritable grandeur.

L'ame heureusement captive
Sous ton joug trouve la paix,
Et s'abreuve d'une eau vive
Qui ne s'épuise jamais.
Chacun peut boire en cette onde,

Elle invite tout le monde ;
Mais nous courons follement
Chercher des sources bourbeuses,
Ou des citernes trompeuses
D'où l'eau fuit à tout moment.

FIN DES CANTIQUES.

# ÉPIGRAMMES.

### I.

#### SUR CHAPELAIN.

Froid, sec, dur, rude auteur, digne objet de satire,
De ne savoir pas lire oses-tu me blâmer ?
Hélas ! pour mes péchés, je n'ai su que trop lire,
Depuis que tu fais imprimer !

### II.

#### SUR ANDROMAQUE.

Le vraisemblable est peu dans cette piéce,
Si l'on en croit et d'Olonne et Créqui :
Créqui dit que Pyrrhus aime trop sa maîtresse :
D'Olonne, qu'Andromaque aime trop son mari.

## III.

#### SUR LA MÊME TRAGÉDIE.

Créqui prétend qu'Oreste est un pauvre homme
Qui soutient mal le rang d'ambassadeur ;
Et Créqui de ce rang connoît bien la splendeur :
Si quelqu'un l'entend mieux, je l'irai dire à Rome.

## IV.

#### SUR L'IPHIGÉNIE DE LE CLERC.

Entre Le Clerc et son ami Coras,
Deux grands auteurs rimant de compagnie,
N'a pas long-temps sourdirent grands débats
Sur le propos de leur *Iphigénie.*
Coras lui dit : « La pièce est de mon cru. »
Le Clerc répond : « Elle est mienne, et non vôtre. »
Mais aussitôt que l'ouvrage a paru,
Plus n'ont voulu l'avoir fait l'un ni l'autre.

## V.

#### SUR L'ASPAR DE M. DE FONTENELLE.

*L'origine des sifflets.*

Ces jours passés, chez un vieil histrion,
Un chroniqueur émut la question

Quand dans Paris commença la méthode
De ces sifflets qui sont tant à la mode.
« Ce fut, dit l'un, aux pièces de Boyer. »
Gens pour Pradon voulurent parier.
« Non, dit l'acteur; je sais toute l'histoire,
« Que par degrés je vais vous débrouiller :
« Boyer apprit au parterre à bâiller;
« Quant à Pradon, si j'ai bonne mémoire,
« Pommes sur lui volèrent largement;
« Mais quand sifflets prirent commencement,
« C'est, (j'y jouois, j'en suis témoin fidéle)
« C'est à l'*Aspar* du sieur de Fontenelle. »

## VI.

### SUR LE GERMANICUS DE PRADON.

Que je plains le destin du grand Germanicus !
  Quel fut le prix de ses rares vertus !
  Persécuté par le cruel Tibère,
  Empoisonné par le traître Pison,
Il ne lui restoit plus, pour dernière misère,
    Que d'être chanté par Pradon.

## VII.

#### SUR LE SÉSOSTRIS DE LONGEPIERRE.

Ce fameux conquérant, ce vaillant Sésostris,
Qui jadis en Égypte, au gré des destinées,
    Véquit de si longues années,
  N'a vécu qu'un jour à Paris.

## VIII.

#### SUR LA JUDITH DE BOYER.

A sa *Judith*, Boyer, par aventure,
Étoit assis près d'un riche caissier ;
Bien aise étoit : car le bon financier
S'attendrissoit et pleuroit sans mesure.
« Bon gré vous sais, lui dit le vieux rimeur :
« Le beau vous touche, et ne seriez d'humeur
« A vous saisir pour une baliverne. »
Lors le richard, en larmoyant, lui dit :
« Je pleure, hélas ! pour ce pauvre Holoferne,
« Si méchamment mis à mort par Judith. »

ÉPIGRAMMES.

## IX.

SUR LA TROADE, TRAGÉDIE DE PRADON,

JOUÉE EN 1679.

Quand j'ai vu de Pradon la pièce détestable,
Admirant du destin le caprice fatal :
Pour te perdre, ai-je dit, Ilion déplorable,
  Pallas a toujours un cheval.

## X.

SUR L'ASSEMBLÉE DES ÉVÊQUES, CONVOQUÉE A PARIS

PAR ORDRE DU ROI.

Un ordre, hier venu de Saint-Germain,
Veut qu'on s'assemble : on s'assemble demain.
Notre archevêque et cinquante-deux autres
  Successeurs des apôtres
S'y trouveront. Or, de savoir quel cas
S'y traitera, c'est encore un mystère :
  C'est seulement chose très claire
Que nous avons cinquante-deux prélats
  Qui ne résident pas.

## XI.

SUR LES COMPLIMENTS QUE LE ROI REÇUT AU SUJET
DE SA CONVALESCENCE.

Grand Dieu ! conserve-nous ce roi victorieux
    Que tu viens de rendre à nos larmes.
Fais durer à jamais des jours si précieux :
    Que ce soient là nos dernières alarmes.
      Empêche d'aller jusqu'à lui
    Le noir chagrin, le dangereux ennui,
    Toute langueur, toute fièvre ennemie,
      Et les vers de l'académie.

FIN DES ÉPIGRAMMES.

# CHANSON

## CONTRE FONTENELLE.

Adieu, ville peu courtoise,
Où je crus être adoré.
Aspar est désespéré.
Le poulailler de Pontoise
Me doit ramener demain
Voir ma famille bourgeoise,
Me doit ramener demain,
Un bâton blanc à la main.

Mon aventure est étrange.
On m'adoroit à Rouen.
Dans le Mercure galant
J'avois plus d'esprit qu'un ange.
Cependant je pars demain,
Sans argent et sans louange;
Cependant je pars demain,
Un bâton blanc à la main [1].

---

[1] Ces couplets ont été attribués à Boileau et à Racine.

# MADRIGAL

Mis à la tête d'un petit ouvrage de M. le duc DU MAINE, presque encore enfant.

Ne pensez pas, messieurs les beaux-esprits,
    Que je veuille, par mes écrits,
Prendre une place au temple de mémoire.
    Vous savez de qui je suis fils :
    Il me faut donc une autre gloire,
    Et des lauriers d'un plus grand prix.

# IMPROMPTU

Fait dans la chambre de l'abbé BOILEAU, docteur en Sorbonne.

Contre Jansénius j'ai la plume à la main ;
Je suis prêt à signer tout ce qu'on me demande :
    Qu'il soit hérétique ou romain,
    Je veux conserver ma prébende.

## POUR LE PORTRAIT

## D'ANTOINE ARNAULD.

Sublime en ses écrits, doux et simple de cœur,
Puisant la vérité jusqu'en son origine,
De tous ses longs combats Arnauld sortit vainqueur,
Et soutint de la foi l'antiquité divine.
De la grace il perça les mystères obscurs;
Aux humbles pénitents traça des chemins sûrs;
Rappela le pécheur au joug de l'Évangile.
Dieu fut l'unique objet de ses desirs constants :
L'Église n'eut jamais, même en ses premiers temps,
De plus zélé vengeur, ni d'enfant plus docile.

## ÉPITAPHE

## D'ANTOINE ARNAULD.

Haï des uns, chéri des autres,
Estimé de tout l'univers,
Et plus digne de vivre au siècle des apôtres

# ÉPITAPHE.

Que dans un siècle si pervers,
Arnauld vient de finir sa carrière pénible.
Les mœurs n'eurent jamais de plus grave censeur ;
L'erreur, d'ennemi plus terrible ;
L'Église, de plus ferme et plus grand défenseur.

# SONNET

### SUR LA TROADE DE PRADON.

D'un crêpe noir Hécube embéguinée
Lamente, pleure, et grimace toujours ;
Dames en deuil courent à son secours,
Oncques ne fut plus lugubre journée.

Ulysse vient, fait nargue à l'hyménée ;
Le cœur fera de nouvelles amours.
Pyrrhus et lui font des vaillants discours ;
Mais aux discours leur vaillance est bornée.

Après cela, plus que confusion :
Tant il n'en fut dans la grande Ilion
Lors de la nuit aux Troyens si fatale.

En vain Baron entend le brouhaha,
Point n'oseroit en faire la cabale :
Un chacun bâille, et s'endort, ou s'en va.

## AUTRE SONNET
### SUR LA TRAGÉDIE DE GENSÉRIC,
#### DE MADAME DESHOULIÈRES.

La jeune Eudoxe est une bonne enfant,
La vieille Eudoxe une franche diablesse,
Et Genséric un roi fourbe et méchant,
Digne héros d'une méchante pièce.

Pour Trasimond, c'est un pauvre innocent,
Et Sophronie en vain pour lui s'empresse ;
Hunneric est un homme assez indifférent,
Qui comme on veut et la prend et la laisse.

Et sur le tout le sujet est traité
Dieu sait comment ! Auteur de qualité [1],
Vous vous cachez en donnant cet ouvrage.

[1] Pendant quelque temps, on avoit attribué GENSÉRIC au duc de Nevers.

C'est fort bien fait de se cacher ainsi ;
Mais, pour agir en personne bien sage,
Il nous falloit cacher la pièce aussi.

## STANCES

### A PARTHÉNISSE.

Parthénisse, il n'est rien qui résiste à tes charmes :
Ton empire est égal à l'empire des Dieux ;
Et qui pourroit te voir sans te rendre les armes,
Ou bien seroit sans ame, ou bien seroit sans yeux.

Pour moi, je l'avouerai, sitôt que je t'eus vue,
Je ne résistai point, je me rendis à toi ;
Mes sens furent charmés, ma raison fut vaincue,
Et mon cœur tout entier se rangea sous ta loi.

Je vis sans déplaisir ma franchise asservie ;
Sa perte n'eut pour moi rien de rude et d'affreux ;
J'en perdis tout ensemble et l'usage et l'envie ;
Je me sentis esclave, et je me crus heureux.

Je vis que tes beautés n'avoient pas de pareilles ;
Tes yeux par leur éclat éblouissoient les miens ;

La douceur de ta voix enchanta mes oreilles,
Les nœuds de tes cheveux devinrent mes liens.

Je ne m'arrêtai pas à ces beautés sensibles,
Je découvris en toi de plus rares trésors;
Je vis et j'admirai ces beautés invisibles,
Qui rendent ton esprit aussi beau que ton corps.

Ce fut lorsque voyant ton mérite adorable,
Je sentis tous mes sens t'adorer tour-à-tour;
Je ne voyois en toi rien qui ne fût aimable,
Je ne sentois en moi rien qui ne fût amour.

Ainsi je fis d'aimer l'heureux apprentissage;
Je m'y suis plu depuis, j'en aime la douceur;
J'ai toujours dans l'esprit tes yeux et ton visage,
J'ai toujours Parthénisse au milieu de mon cœur.

Oui, depuis que tes yeux allumèrent ma flamme,
Je respire bien moins en moi-même qu'en toi;
L'amour semble avoir pris la place de mon ame,
Et je ne vivrois plus, s'il n'étoit plus en moi.

Vous qui n'avez point vu l'illustre Parthénisse,
Bois, fontaines, rochers, agréable séjour!
Souffrez que jusqu'ici son beau nom retentisse,
Et n'oubliez jamais sa gloire et mon amour.

# COUPLETS

## SUR LA RÉCEPTION DE FONTENELLE

### A L'ACADÉMIE FRANÇOISE.

Or, écoutez, noble assistance,
Ce qu'à l'académie on fit
Dans la mémorable séance
Où l'on reçut un bel-esprit.
    Ce qui fut dit
Par ces modéles d'éloquence
A bien mérité d'être écrit.

Quand le novice académique
Eut salué fort humblement,
D'une normande rhétorique
Il commença son compliment,
    Où sottement
De sa noblesse poétique
Il fit un long dénombrement.

Corneille, diseur de nouvelles,
Suppôt du *Mercure galant*,
Loua son neveu Fontenelle,
Et vanta le prix excellent

## CHANSON.

De son talent ;
Non satisfait des bagatelles
Qu'il dit de lui douze fois l'an.

Entêté de son faux système,
Perrault, philosophe mutin,
Disputa d'une force extrême ;
Et, coiffé de son avertin,
    Fit le lutin,
Pour prouver clairement lui-même
Qu'il n'entend ni grec ni latin.

Doyen de pesante figure,
Qui trouves le secret nouveau
De parler aux rois en peinture,
Et d'apostropher leur tableau,
    Ah ! qu'il fait beau
De te voir, dans cette posture,
Faire à Louis le pied de veau !

Si tu ne savois pas mieux faire,
Lavau, falloit-il imprimer ?
Ne sors point de ton caractère,
Contente-toi de déclamer,
    Sans présumer
Que ton éloquence grossière
Sur le papier puisse charmer.

## CHANSON.

Boyer, Le Clerc, couple inutile,
Grands massacreurs de Hollandois,
Porteurs de madrigaux en ville,
Moitié Gascons, moitié François,
    Vieux Albigeois,
Allez exercer votre style
Près du successeur d'Henri trois.

Touchant les vers de Benserade,
On a fort long-temps balancé
Si c'est louange ou pasquinade :
Mais le bon-homme est fort baissé ;
    Il est passé ;
Qu'on lui chante une sérénade
De *Requiescat in pace*.

Prions donc, messieurs, je vous prie,
Leur protecteur, le grand Louis,
Que du corps de l'académie
Tous ignorants soient interdits ;
    Comme jadis,
Quand Richelieu, ce grand génie,
Prit les premiers quatre fois dix.

FIN DU QUATRIÈME VOLUME.

# TABLE

### DES MATIÈRES CONTENUES DANS CE VOLUME.

| | |
|---|---|
| Préface. | Page 3 |
| Prologue. | 11 |
| Esther, | 15 |
| Préface. | 85 |
| Athalie. | 97 |

## POÉSIES DIVERSES.

Le Paysage de Port-Royal.

| | |
|---|---|
| Ode I<sup>re</sup>. Louange de Port-Royal en général. | 197 |
| Ode II. Le Paysage en gros. | 200 |
| Ode III. Description des bois. | 204 |
| Ode IV. L'Étang. | 207 |
| Ode V. Les Prairies. | 211 |
| Ode VI. Des Troupeaux, et d'un Combat de taureaux. | 214 |
| Ode VII. Les Jardins. | 218 |

## ODES.

| | |
|---|---|
| I. La Nymphe de la Seine à la Reine. | 223 |
| II. Sur la Convalescence du Roi. | 231 |

III. La Renommée aux Muses. Page 236
IV. Tirée du psaume XVII. *Diligam te*, etc. 242

Idylle sur la paix. 248

### HYMNES ET CANTIQUES SPIRITUELS.

Hymnes traduites du bréviaire romain. 255

#### CANTIQUES SPIRITUELS.

Cantique I. A la louange de la Charité. 294
Cantique II. Sur le bonheur des justes, et sur le malheur des réprouvés. 298
Cantique III. Plaintes d'un chrétien sur les contrariétés qu'il éprouve au-dedans de lui-même. 301
Cantique IV. Sur les vaines occupations des gens du siècle. 302

### ÉPIGRAMMES.

I. Sur Chapelain. 306
II. Sur Andromaque. ibid.
III. Sur la même tragédie. 307
IV. Sur l'Iphigénie de Le Clerc. ibid.
V. Sur l'Aspar de M. de Fontenelle. ibid.
VI. Sur le Germanicus de Pradon. 308
VII. Sur le Sésostris de Longepierre. 309
VIII. Sur la Judith de Boyer. ibid.
IX. Sur la Troade, tragédie de Pradon. 310

X. Sur l'Assemblée des évêques, convoquée à Paris par ordre du roi. Page 310

XI. Sur les compliments que le roi reçut au sujet de sa convalescence. 311

CHANSON contre Fontenelle. 312

MADRIGAL mis à la tête d'un petit ouvrage de M. le duc du Maine, presque encore enfant. 313

IMPROMPTU fait dans la chambre de l'abbé Boileau, docteur en Sorbonne. ibid.

Pour le portrait d'Antoine Arnauld. 314

ÉPITAPHE d'Antoine Arnauld. ibid.

SONNET sur la Troade de Pradon. 315

AUTRE SONNET sur la tragédie de Genséric, de madame Deshoulières. 316

STANCES à Parthénisse. 317

COUPLETS sur la réception de Fontenelle à l'Académie françoise. 319

FIN DE LA TABLE.

www.ingramcontent.com/pod-product-compliance
Lightning Source LLC
Chambersburg PA
CBHW060404170426
43199CB00013B/2000